〔美〕乔·瓦拉迪(Joe Varady) ★ 著　　　　　　　李永坤 ★ 译

短棍格斗术
从入门到精通

The Art and Science
of Stick Fighting
A Complete Instructional Guide

北京科学技术出版社

著作权合同登记号　图字：01-2024-1334

图书在版编目（CIP）数据

短棍格斗术：从入门到精通 /（美）乔·瓦拉迪
(Joe Varady) 著；李永坤译 . — 北京：北京科学技术
出版社，2024.8

书名原文：The Art and Science of Stick
Fighting：A Complete Instructional Guide

ISBN 978-7-5714-3908-8

Ⅰ . ①短… Ⅱ . ①乔… ②李… Ⅲ . ①棍术（武术）—
格斗—基本知识 Ⅳ . ① G85

中国国家版本馆 CIP 数据核字（2024）第 083872 号

免责声明

本书作者、编者以及出版方对任何人以任何形式（无论正当与不正当）使用本书所授内容的行为不承担责任。所有对本书内容的使用须与法律所允许的一致，由此带来的一切后果，由本书的使用者自己负责。

有意进行本书技术训练的读者有义务咨询医师，以确定获取关于个人能力及限制的完整医学信息。另外，读者必须严格遵照本书中的技术训练及实际使用的安全原则。

作　　者：〔美〕乔·瓦拉迪（Joe Varady）		社　　址：北京西直门南大街 16 号
译　　者：李永坤		邮政编码：100035
策划编辑：宋杨萍		电　　话：0086-10-66135495（总编室）
责任编辑：宋杨萍		0086-10-66113227（发行部）
责任校对：贾　荣		网　　址：www.bkydw.cn
封面设计：何　瑛		印　　刷：北京宝隆世纪印刷有限公司
版式设计：创世禧		开　　本：710 mm × 1000 mm　1/16
责任印制：吕　越		字　　数：274 千字
出 版 人：曾庆宇		印　　张：17
出版发行：北京科学技术出版社		版　　次：2024 年 8 月第 1 版
ISBN 978-7-5714-3908-8		印　　次：2024 年 8 月第 1 次印刷

定　　价：108.00 元

推荐语

阿尔伯特·爱因斯坦（Albert Einstein）曾说："凡事都应尽可能简单，但又不能过于简单。"在我练习短棍的 23 年里，我读过许多关于这个主题的经典著作。乔·瓦拉迪大师抓住了短棍格斗的技术核心，书写了专业而翔实的训练指南，其中包括各级别所需的技术要求、动作演练和演示图解，能帮助初学者和略有所成的人逐渐达到大师级水准。无论你是想将其作为教学范本，还是想找到一种经过实战检验的冷兵器训练体系，本书都不容错过。

——胡安（小约翰）·克鲁兹 Juan（Little John）Cruz
菲律宾"十二棍师"武术黑带

我认真阅读了此书，发现作者不仅掌握短棍格斗技术，而且对这种技术的历史文化背景富有独到见解。在详细描述技术动作的同时配上相应的文化背景介绍，能帮助人们更深刻地理解是什么、为什么、怎么做，以及何时做。全书文字通俗易懂，非专业人士也能轻松阅读，其所呈现的技术前沿又能促使有经验的武术家不断提升技术。书中汇集了多种技术风格，其涉猎范围之广、细节之精都令人印象深刻。本书是一部深研之后而编写的短棍技术及其演变历史的百科全书，便于需要教学知识的资深教练及其他任何水平的短棍格斗爱好者参考使用。书中有许多新颖的训练技法，其解释详细，并配有高清图片来帮助理解。

我强烈推荐这本书给所有想要学习短棍格斗的人，不要仅从一种风格去入手，而要从多风格、多国家背景去学习。

——布莱恩·斯科特（Brian Scott）
共八届 WEKAF 世界全接触短棍格斗冠军 科罗拉多大学博尔德分校武术教授

乔·瓦拉迪大师的这部新作再次精准达到我的预期，其在自卫和运动之间达到了完美平衡。从热身训练开始，到步法的详细介绍，再到实战和竞技格斗的有效应用策略，涵盖了从新手到大师的所有技能。最特别的是，本书的短棍训练方法与传统的徒手格斗训练有异曲同工之妙，使本书适合所有的武术练习者。此外，还详细记录了训练辅具的制作过程，只需按照其设定流程按部就班完成训练即可。本书将历史背景、个人经验及实践有效结合，还抓住了多种短棍格斗技术的共性特征，能助力所有武术风格的习练者。

——迈克尔·J. 加拉格尔（Michael J. Gallagher）大师

美国跆拳道"国家武器"冠军

乔大师深谙短棍技术之道，在本书中，他提炼了多年来在格斗竞技和实战方面的短棍训练经验，能为新手或小有所成的练习者提供实用且有效的指导，使他们不断从中获益，并全面地提升自身技术。无论他们面对的是擂台还是街头格斗，都能提高获胜率。

——尼尔·麦克利什（Neil McLeish）

菲律宾"十二棍师"武术黑带

我认识乔·瓦拉迪很多年了。他就像一瓶好酒：随着年纪增长，他也越来越强。本书就是最好的例证，从深度的技法讲解到高清的照片/图片，都无可挑剔，而且还在此之上融入了东西方武术文化。从任何角度看，本书都应成为每个武术家的必读之一。我有幸观看过乔的教学示范，他使用的教学技巧让学习过程充满乐趣，而本书就是他教学场景的延伸，一部饱含真诚与热忱之作，是武术界的宝贵财富。为此，我祝贺乔。

——戴夫·迪基（Dave Dickey）

活钢格斗学院（Live Steel Fight Academy）创始人

本书是一部条理清晰、系统严谨的指导手册，介绍了使用中等长度武器进行格斗运动和自卫的方法。在简短介绍和热身指导后，教程分为九个级别：基础、远距离、近身、中距离进攻、中距离防守、近距离攻防、单棍对战、短棍对抗其他武器，以及徒手防棍。每个级别都介绍了短棍格斗技术的概念、使用原则、动作示例等内容。此外，书中还提到了如何购买或自制训练设备。整体来看，本书不仅是一部优秀的自学教程，而且是短棍格斗教学者手头必备的教学指南，我相信本书一定能受到武术习练者的欢迎。

——阿兰·伯雷斯（Alain Burrese）

武术家、作家、生存专家

乔·瓦拉迪是我们刚柔武术（Cuong Nhu Martial Arts）的顶级武器专家，也是整个武术界的顶尖武器专家。乔大师的新作增添了针对初学者、中级和高级武术家的知识和实践练习，所有想进行武器训练的新手，或是短棍技术训练的"老手"，按照本书指导进行练习都会非常容易。对想成为训练有素的"棍斗士"的人来说，本书会是很好的参考书。

——约翰·伯恩斯（John Burns）大师

加州伯克利刚柔武术空手道道馆总教练 刚柔武术九段

对任何水平的武术练习者来说，本书都不可不读。阅读本书的过程是一场发现之旅，然后才是从中学习。

本书章节条理清晰、内容丰富，并配有插图和小贴士，还有一些"锦囊妙计"，能提升读者的阅读体验。当然，想把短棍攻防练好，就要了解其中的原理，以便有效地防御和反击。书中逐步介绍每节课程，并说明特定方法最有效的原因；合理谋划各章节内容，从范围、距离、步法等基础内容讲起，对新手十分友好。例如，"远距离攻防"一节采用渐进式的顺序编排，便于学习动作以及后续与搭档练习时使用。此外，各章节的命名方式也便于记住关键原则和策略，便于掌握不同情况的应对方法。另外，书中还讲述了训练棍、仿制假人等训练设备的制作方法，以尽可能地模拟"真实"格斗。

本书是内容最全面的武术家必备书籍之一，强烈推荐！或许你会说，你平时并不接触持棍格斗，但我想，你至少得知道如何应对持棍攻击，以备不时之需吧。实际上，本书应该是武器训练及防御领域的重要参考资料。

——鲍·恩戈（Bao Ngo）宗师

刚柔武术十段

与其他同类书籍相比，本书清晰易懂，让我深入认识了短棍格斗这一运动的技术和策略，阅读时仿佛瓦拉迪大师就在我身旁指导我完成这九个级别训练一样。每个级别都详细介绍了基础性技术、技巧和合理策略等内容，可应用到其他短程和中程武器以及徒手格斗中。本书对各种水平的武术家都很有价值。

——张胜利（Alan Shen L. Cheung）大师

著名武术家 日本空手道九段 通用武术体系组织的创始人

毋庸置疑，乔·瓦拉迪将短棍学习提升到了一个新的高度。他详细描述了短棍技术的原理、概念和运用过程，并将多种技术精华融入实际训练中。书中的图片精确，具有科学性，这本书是所有认真习武之人的必读之物。

——柯克·法伯（Kirk Farber）

刚柔武术黑带 健身与品格教育机构（FACEKids）创始人

2014 年，我在匈牙利举行的 WEKAF 世界锦标赛上结识了乔·瓦拉迪，很快我们就发现彼此在技术和思想上有许多相似之处。在世锦赛上，我们相互对抗，正是由此我更确信他是一个出色的"棍斗士"。在我多次访问他的执教学校的过程中，我们的友谊越来越深厚，特别是 2017 年，我带领团队及我的两个孩子一起访问他在宾夕法尼亚州的学校时。乔的这部新书包含了短棍格斗学习所需的一切，并为初学者和高级格斗者提供了理论和实践练习。

愿我的朋友一切顺利，期待我们有更多共同训练的机会。

——佩里·兹姆格（Perry Zmugg）宗师

奥地利兹姆格肢体对抗艺术中心创始人

致　谢

　　我要感谢老一辈的人：史蒂夫·沃尔克（Steve Wolk）、丹·沃尔兹（Don Walz）、戴维·利普斯科姆（David Lipscomb）、约翰·阿维萨（John Aversa）和克里斯·霍尔（Chris Hall）；感谢我的刚柔武术导师，特别是东·恩戈（Dong Ngo）、喹恩·恩戈（Quynh Ngo）和鲍·恩戈（Bao Ngo）；感谢在匈牙利与我进行史诗级战斗的尼尔·麦克利什（Neil McLeish）；感谢设计"击打点"的戴夫·贝尔扎克（Dave Berzack）及拥有出色剪辑能力的卡罗尔·赖利（Carol Riley）。

　　特别感谢我优秀且值得信赖的制作团队：马德琳·克劳斯（Madeline Crouse）、安德烈亚·希尔伯恩（Andrea Hilborn）和布莱恩·莱西克（Brian Lesyk）；感谢我美丽的妻子凯西·瓦拉迪（Kathy Varady），她总是迁就着我对武术的疯狂痴迷。

　　动作演示：乔·瓦拉迪、马德琳·克劳斯、凯西·瓦拉迪和布莱恩·莱西克。

　　图片来源：安德烈亚·希尔伯恩

　　封面图片：安德烈亚·希尔伯恩

摄影师：安德烈亚·希尔伯恩

序

在《短棍格斗术：从入门到精通》一书中，乔·瓦拉迪大师准确地传达了这一主题：中等长度武器在现实自卫和体育竞技应用时的系统、有序、科学的方法。其介绍的概念、课程和训练方法能提升从新手、爱好者到经验丰富的教练等各类练习者的认识。

乔大师系统解析了以武器为基础的武术学科的核心技能，包括如何移动（站姿和步法）、如何攻击（抓握和击打，包括线性和环形攻击）以及如何防御（格挡、格移和缴械），他还解释了这些技能在不同的格斗场景中的差异。此外，他还介绍了若干延伸技能，包括使用短棍对抗其他武器或对付多个对手以及徒手对抗短棍攻击。

这部作品还有一些令人耳目一新的地方，使它有别于现有的其他同类书籍。首先，本书是一部多元文化史，探讨了世界各地相关武术体系之间的共性，这表明许多认真的武术练习者都发现了物理学和人体生理学的相通之处和局限性。这在武术界经常被总结为"真理，就是真理"。其次，按照相同的思路介绍了肌肉解剖和神经系统的工作原理，帮助读者理解这些"真理"的基础，同时强调了使用特定拉伸动作并强化练习的必要性。最后，每个级别都配有相应的训练示例。令人欣喜的是，书中还提到了击打重型沙袋对提升力量的重要性。因为沙袋不会说谎，从全接触格斗比赛中就能看出你在沙袋上下了多少功夫。

在过去的 30 年里，我有幸与乔大师一起训练，并目睹了他从年轻热情的武术练习者到资深教练的进阶过程。日语中的"sensei"经常被翻译为"老师"，但其更准确的翻译应是"走在前面的人"。这个词用在乔大师身上最为贴切。他花了大量时间训练，并且广泛阅读前人的著作。他从不安于现状，不断地检验自己的技能和想法，对任何风格的武术都不带偏见。他定期参加不同武术系统的比赛

［如艾斯克瑞玛（Eskrima）[①]和极具历史传承的西方格斗］，并不断地与学生们进行实战。他根据学到的东西，不断改进自己的训练方法，然后再进行测试。

　　非常荣幸，乔大师把从我这里学到的诸如快速击打、相关的字母组合技术、套路误导、三对三等技术和概念纳入了这本书。基于此，我要感谢我的老师阿努福·奎斯塔（Dodong）大师和他的老师——菲律宾武术"十二棍师"的顶级宗师迪奥尼索·卡涅特（Diony），他们传授给我技艺，而我已传授给了乔大师。菲律宾武术以短棍和刀法而闻名于世，我有幸在这些伟大导师的指导下训练了30多年。我早年的一位空手道老师米格尔·埃斯特拉达（Miguel Estrada）大师曾经告诉我，我回报他的最好方式就是再教10个人。如果我可以把乔大师算作其中之一，那么我就在回报老师的路上了。

——史蒂夫·沃尔克（Steve Wolk）宗师

"十二棍师"武术

共6届世界短棍格斗冠军

---

　　① 译者注："Eskrima"，音译"艾斯克瑞玛"，是菲律宾武术的一类，以刀剑、棍棒训练为主。

前　言

在过去的 30 年里，我一直在练习东方武术，如空手道、中国功夫、跆拳道、柔道、柔术和菲律宾武术。我还学习各种西方武术，如拳击、击剑、长剑、刀和盾牌，以及各种装甲格斗的方法。此外，我还喜欢研究和撰写关于武术训练的文章。我为我的核心体系——刚柔武术体系（Cuong Nhu Martial Arts）写了 6 本训练手册，并给我主要任职的西方武术学校——活钢格斗学院写过一本手册。我的第一本书《长棍的科学与艺术：完整指导指南》（*The Art and Science of Staff*

The Phoenix ● Phoenixville, Pa. ● Friday, July 30, 1993

Staff photo by Barry Taglieber

Take that!
Despite the temperatures in the mid-90s, Joe Varady (left) and David Lipscomb suited up for practice.

1993 年我和搭档在一起训练

Fighting Complete Instructional Guide）在 2016 年由杨氏东方文化出版中心出版。

显然，我对武术有些狂热，不断测试自己的武术技能。20 世纪 90 年代初，在我跟随 6 届世界短棍格斗冠军史蒂夫·沃克学习"十二棍师"期间，我多次参加了 Eskrima 锦标赛。

在 21 世纪的最初 10 年，我在活钢格斗学院训练我的短棍格斗技能，与不同的混合武器（不同于橡木棍、四分棍）对抗。2014 年，我参加了在纽约举行的世界菲律宾武术联合会（WEKAF）全国锦标赛，获得了代表美国队参赛的资格。在那年晚些时候，我有幸参加了世界锦标赛，一路走到了匈牙利。我获得了全接触长棍格斗的第二名和全接触双短棍格斗的第四名。

美国队在 2014 年匈牙利 WEKAF 世界锦标赛上合影

第二年，在新泽西州的泽西城，我在"十二棍师"世界锦标赛上夺得了全接触单短棍格斗的金牌。在最近的 2018 年，我在马里兰州巴尔的摩举行的 WEKAF 全国赛中赢得了包棉短棍比赛的第一名。

我喜欢吸收别人传授的武术知识，我家的书房里收藏了大量的书籍，而令我惊讶的是，我很难找到一本阐述优秀"棍斗士"所需的实际战略和战术的图书。作家贝弗利·克莱瑞（Beverly Cleary）曾经说过，"如果你在书架上没有看到你想要的书，那就写一本吧。"就这样，整理出版短棍格斗术被放到了我的日程之中。

　　在本书中，我总结了用短棍进行格斗的训练方法，通过采用一种多层面、跨风格的写作方式，使得这一技术的讲授很容易被纳入任何基础性的武术门类中，其目的是让人们在一段时间内一小块一小块地吸收知识。如果能保持开放的心态经常探索和努力训练，就能不断扩充自身知识，提升自身在战斗中有效使用武器的能力。这样就能在合理规则和良好技术的基础上，掌握并形成属于自己的短棍格斗方法。

> 　　阿基领主曾说，"勇武就是成为一个狂热的人。"我想这与我自己的理想惊人地一致，从那以后，我的狂热变得越来越极端。
>
> ——山本常朝，《叶隐》

目　录

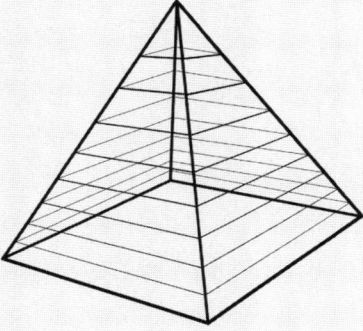

引　言
Introduction

概览

本书阐述的是一种独特的、非特定风格的短棍格斗方法。其内容经过精简，分为九个循序渐进的训练级别，能够使你快速而系统地学习、深度提高短棍格斗的所需技能。

无论你是刚刚开始练习短棍，还是已经有过多年练习，本书中都有适合你的内容。在我的另一本书《长棍的科学与艺术：完整指导指南》的附录部分解释了长棍格斗的物理学原理，而在本书中，我试图将技能背后的科学性内容纳入其中，使其更易于读者理解。正如我的上一本书一样，本书以详细而系统的训练为特色，阐述了在学习和掌握短棍格斗技能时如何制作和使用特定的训练设备。

第1级：基本技术。使自身与短棍融为一体！学习其他所有棍术所依赖的基础知识：稳定的站姿、基本的步法和有效的防护。一旦这些基本技能掌握到位，就可学习不同的击打类型，并在一个有效、易学的击打模式中不断练习，其目的是能自如地运用短棍，并使其成为身体的延伸。

第2级：远距离攻防。通过掌握外围规则来支配战斗！学习如何有效地应用基本技术，包括进攻和防守。具体包括击打、定位目标、组合技术、双重击打、佯攻、套路误导、闪避和远距离缴械。

第3级：近身策略。控制了距离，就等于控制了战斗局面！学习如何从远距离快速、安全地过渡到中距离，让对手意想不到，从而处处落后。

第4级：中距离进攻。快速出击，教你如何使用快速有效的组合击打技术，同时消解对手的攻击。

第5级：中距离防守。学习在对手进攻时如何防御，并用一系列简单的中距离缴械技术来结束战斗，让对手手里的短棍无用武之地。

第6级：近距离攻防。在近距离交手形势异常复杂！利用短棍在内围的使用规则，使用破坏性强的棍尾击打、壁垒式的双手持棍击打和扼喉式的绞杀，以及用擒摔技术结束战斗。

第7级：单棍实战。此时到了检验技能的时候，穿上护具，开始投入战斗。学习重要的搏击规则，进行从轻度可控接触到完全接触的攻防训练，学习自制包棉武器，并将其投入有效的实战训练中。有效的格斗技巧将提高竞技水平。

第8级：持棍应对其他武器攻击。若实际应对时，对手手中持的不是棍而是其他武器，那该怎么做？学习应对从短距离的武器（如短刀）到长距离的武器（如长棍、长矛）甚至是枪械等各种武器威胁的技巧。

第9级：徒手应对持棍攻击。哦不……最坏的情况发生了：对手手持短棍，但你却无任何武器可用！学习此时的应对策略和战术，不仅能帮助你从中生存下来，甚至还能助你战胜困难，取得胜利。

在此过程中，我还提到了许多用以完善你特定技能的特殊训练设备的制作方法。在每个级别的最后，我都会列出你需练习和训练的类型，以帮助你达到这个级别的要求。

虽然你实际面临的对手或攻击者可能是左利手或者右利手，但本书碍于篇幅限制，主要从右利手的角度来演示。

短棍格斗是武术的一种，就其本质而言是一种剧烈的体力活动。我们很难仅从书本上感受到武术的细微差别，所以我建议你最好寻找一个有资质的教练来进行训练，或是找一个专门的训练搭档，或是一个团体一起练习，也会对你有帮助。无论你最终选择何种方式，都要始终保持开放的心态，不断努力，争取对技术有更深的理解并取得更高水平的表现。

我承认，这本书绝不是关于短棍格斗最全面的论述。我不确定有任何一本书能做到这一点。有许多短棍格斗的风格和技术值得研究，但其不

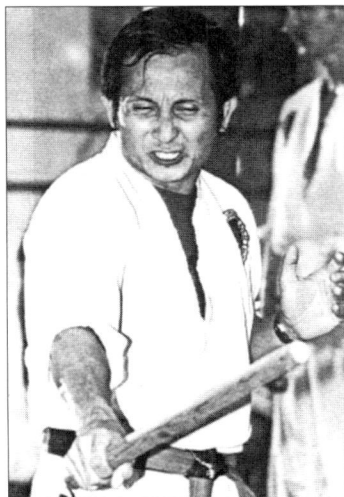

在本书的涉及范围。不过，我确信《短棍格斗术：从入门到精通》是朝着正确方向努力迈出的一大步。这里有很多东西需要花一些时间才能被吸收，这段旅程需要你有耐心和毅力，最终，我认为你会为自己的成就感到非常自豪。现在我们开始吧，怎么样？

> 没有行动的愿景是一个很快被遗忘的梦想。
>
> ——东·恩戈（Dong Ngo）大师

为什么要学习短棍格斗？

选择用短棍格斗有很多实际的原因。短棍格斗是一种健康的竞技活动，在现实生活中也时有应用，掌握短棍技能对于自卫非常实用；同时短棍也是一项体育运动，兼具娱乐和健身的功能。它吸引着各种类型、各种年龄和能力水平的人来练习。

在自卫的情况下，通常要比对手拥有更强大的力量才会利于自己。更大的力量可以通过更大的体形、更强壮的肌肉和更丰富的战斗经验来实现，而如短棍一样的武器，可使持有者力量倍增，提高速度并且扩大攻防范围，能够使人有能力击退更强大甚至更多的对手。然而，随身携带短棍来自卫的概率非常低。不过，

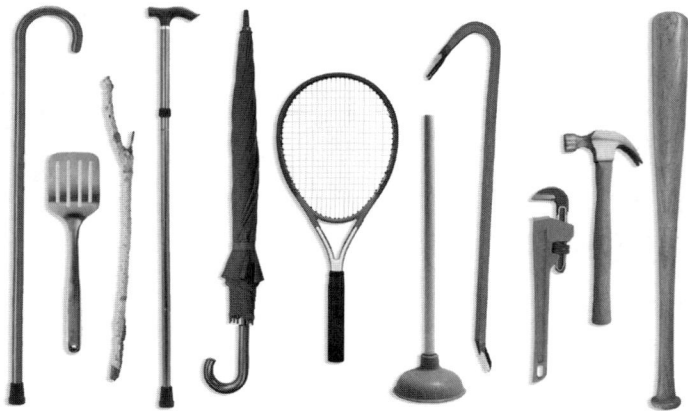

在日常环境中可获得的简易武器

日常环境中有许多类似于短棍的物品可以充当有效的临时简易武器，诸如雨伞、汽车天线、窗帘杆、活塞手柄、手杖、棒球棒和网球拍等物品都可以像棍子一样挥舞起来进行自卫，所以学习如何使用短棍自卫就变得实际起来，而短棍格斗的概念和技能也适用于涉及刀具和徒手防御的自卫情况。

当涉及短棍格斗及其他武术时，自卫和运动之间的差别需要重点区分。竞技格斗与防身自卫相类似，但又并不相同。竞技格斗有着明确的规则，参赛者站在一个安全、可控的竞技场里进行对抗，直到裁判宣布获胜者为止。在街头，你的目标是在必要时才进行战斗，最终目的是逃到安全地带。除了做任何生存所需的事情之外，自卫没有任何规则，而竞技场从来都不是这样的。严肃、坚定、专注的心态在自卫中至关重要。竞技格斗为竞技者提供了比赛场地和时间，让他们专注于发展可能有助于自卫的格斗技能。它为竞技者提供了一种经验，通过自愿面对逆境来培养个人纪律和勇气。这也是一种有趣、安全的锻炼方式，可以提高你快速思考的能力，也可以考验你的意志。它有很多的训练目的，自卫只是其中之一。

训练有素的短棍格斗者（被称为"棍斗士"）和普通的短棍格斗者之间还有一个重要区别。"斗士"之所以被称为"斗士"是有原因的，"棍斗士"本身就是个与众不同的标签，他们比未经训练的短棍格斗者具有更惊人的速度，他们挥棍速度很快，因此与他们一起训练可以提高反应速度。经常使用短棍等重物练习也有助于增强全身力量、提高身体协调性和徒手动作的速度。询问任何一个棒球或网球教练，他们都会告诉你，速度是一种后天习得的技能。严格、重复的短棍训练可以增加"棍斗士"挥舞短棍的冲力，其原因是使用短棍击打时，身体的移动会变得非常协调，需要的肌肉能量更少。而未经训练的普通人，即便更强壮，也无法在挥舞短棍时获得如此大的优势，因为他们身体的移动更多依赖于肌肉的力量，这使得他们的击打速度更慢、力量更弱。

仅仅知道如何挥舞和快速挥舞短棍是远远不够的。击打目标的选择和击打的精准度同样重要，因为击打需要击中脆弱的目标才能造成伤害。一个"棍斗士"不仅知道如何使用短棍击打，还知道打在何处才能获得最大的效果。这些能力都是通过科学的训练和大量的重复练习培养出来的。未经训练的短棍格斗者缺乏有效击打所需的目标性和精确度，特别是当他试图以最大的击打力量来获得最大效果的关键时刻。

　　想训练成为"棍斗士"，其方法是渐进的、频繁的、具有挑战性的，同时也是消耗体力的。练习短棍，能够促进习练者的心血管系统循环，增强身体素质。"棍斗士"所具备的体能素质通常是未经训练的人所不及的，他们所接受的训练使其能在筋疲力尽之后依靠耐力继续战斗。也许更重要的是，坚持短棍练习能让人尽可能地保持健康和长寿。

短棍格斗简史

　　棍术，无论是用于自卫还是竞技，已存在了几千年。在全球范围内，不同的文化成就了不同的棍术练习方式，从而形成了许多不同的棍术风格。每种风格都有其独特的优缺点，同时也都培养出了许多有能力的高手。

　　随着人类学会锻造金属和制造刀剑，短棍格斗就变成了刀剑格斗。有些利器如短剑，是专门用来杀人的，而另一些，如弯刀、砍刀，其本质上使用范围更广。然而，就武器的制作成本和安全性而言，刀剑比短棍更昂贵，也更危险。而与金属刀剑相比，短棍不仅致死率低，而且价格便宜，更易获得。它的这一优势使短棍在刀剑训练、竞技格斗和实际自卫中成为刀刃武器的常见替代品。

　　源于欧洲的西方传统"斗棍"包括爱尔兰的"橡木棍"和法国的"藤棍"。虽然它们都是从手杖演变而来，但其性质大不相同。爱尔兰的棍从传统意义上来看是由粗壮多节的橡木或黑刺木制成，顶部有一个大把手，被命名为"击棍（club）"或"短棒（cudgel）"。它是英国在格鲁吉亚时期（18世纪初至19世纪中叶）流行的一种用木制武器进行对抗的比赛，也称为"单棍比赛（single stick）"，比赛的目的是打破对手的头部、面部或颈部，造成出血。当观众看到流血时，他们会高喊"爆头！"。比赛的胜负由裁判来判定。参赛者需要具有良好的耐力，因为想要打到对手鲜血淋漓，往往需要相当长的时间。这种单棍比赛技术（cudgeling）是詹姆斯·费格在伦敦的露天竞技场教授的技艺之一，当时有报纸报道过这些比赛，它们似乎是那个年代的主流体育赛事。1765年9月26日星期四，《公报》和《新日报》刊登了一场关于团队比赛的文章：

> 星期一下午，旺兹沃斯山举行了一场单棍比赛，奖品是一顶带花边的帽子，价值1莫艾多（葡萄牙金币）。双方各有九名选手，其中一方为"伦敦队"，另一方为"旺兹沃斯队"。在比赛中，双方都表现出了高超的技艺，特别是伦敦队的一位染色工、一位制桶工和一位木匠；旺兹沃斯这边则是一个麦芽商、一个花匠和一个农民工。这18个人互相狠揍了一顿，难分胜负，伦敦队有一个队员眼底下长了一个大痘痘，这时破了皮，鲜血淋漓，结果被裁判误认为被"爆头"了，因而输掉了比赛。

在19世纪的法国，刀具和枪支被禁止使用时，手杖成为了一种流行的武器。

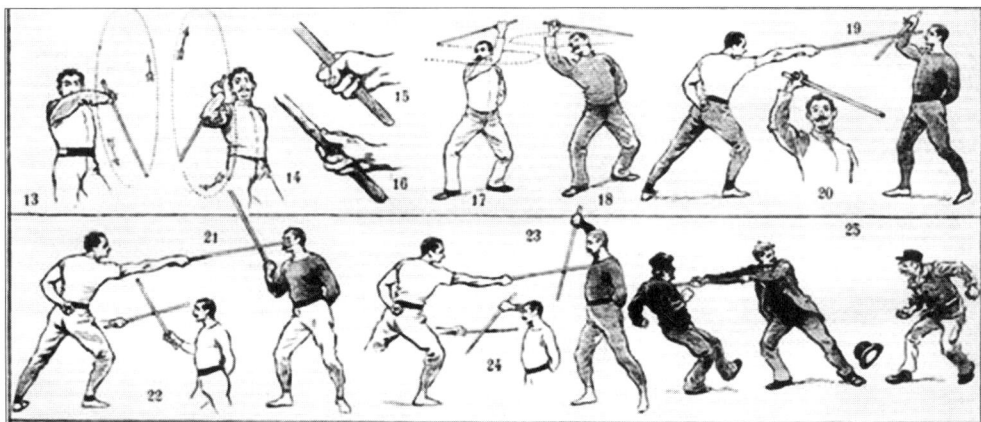

描绘法国手杖格斗技术的插图

现代的法国藤棍选手穿着护甲，戴着击剑面具，这一点和葡萄牙的手杖（jogo do pau）练习者一样。

在南非，我们发现了东加（donga）武术，也被称为"dlala'nduku"，翻译过来就是"玩棍子"。参赛者通常手持两根短棍，一根用作攻击，一根用作防御，当作盾牌使用。这种正式比赛是全接触的，很少穿盔甲。跨大西洋的奴隶贸易将这些比赛的传统带到了巴巴多斯等地，直到今天这种比赛仍然很流行。非洲奴隶还将斗棍比赛传入特立尼达，并发展成了一种叫作"木棒（bois）"的竞技运动。"木棒"习练者使用大约 4 英尺（1.22 米）长的粗棍子，其形式结合了击鼓和舞蹈。然而，不要被它所欺骗。比赛是全接触、不穿盔甲的。最占上风的参赛者将成为胜利者。

左图为描绘埃及短棍格斗的浮雕。右图为 1779 年，阿戈斯蒂诺·布鲁尼亚的一幅题为"多米尼加岛英国黑人和法国黑人之间的单棍比赛"的版画

亚洲也有其独特的短棍格斗传统。包括日本的"棒术（bojutsu）"，或称"棍术"，其中最著名的是"六尺棒"（rokushakubo），但也包括"四尺棒"（jo）和"三尺棒"（hanbo）。在冲绳古武道中，"袖珍短棍"（tambo）很受欢迎。菲律宾的"艾斯克瑞玛（eskrima）""卡利（kali）"和"阿尼斯（arnis）"武术体系是目前最受欢迎的短棍格斗形式，几乎在世界上每个国家都有练习者。菲律宾短棍大师经常穿着护具、戴着手套和头盔，用藤棍进行激烈的全面接触比赛。

以上的罗列只是触及了世界上众多短棍格斗传统的皮毛，它们每一种都相当独特，都有各自的优劣势。但它们也有一定的共性。这些常见技术的名称可能各不相同，呈现的方式也不完全相同，但若迷失在细节中就会"一叶障目，不见森林"。重要的是这些技术背后蕴含的普遍原则使它们发挥作用。它们是短棍格斗的精华所在，是每个短棍格斗者都应知道、理解和使用的东西。

传统还是发展？

世界各地都有传统的短棍训练体系，这些体系都各有自己独特的发展历史和正规训练的方法。沿用特定的体系训练有许多其他方式很难替代的好处，比如遵循一个团体中既定课程的指导，能够共享团体资源并接触到更优秀的训练者。

这种优秀包括具有更先进的训练技术，它们通常比较复杂，需要更多的协调性和技巧性。正是因为具有挑战性才使高级技术变得有趣和好玩。这些训练技术探索了如何发挥短棍的潜力这一命题，但这并不意味着高级技术总能在对抗中发挥作用。先进的训练技术通常需要在特定的环境下才能取得成功，而这在混乱的格斗场面中很难运用。即使是经验丰富的短棍格斗者，在对手不配合的情况下也很难使用这些技巧，而一些实用技术则不受特定场景的限制，具有很高的成功率。

虽然我喜欢练习和教授先进的高级技术，但涉及实战时，我发现通常最有效的还是实用技术。就实战的本质而言，使用短棍只是你被攻击者压制行动能力之前将其制服的一种手段，如果你的动作过于复杂，你就可能会忽略掉这非常重要的一点。因此，我将尽最大努力去传授那些我认为在竞技和自卫中成功率都很高的实用技术。

本书并没有呈现太多传统意义上的技术体系，而是让你循序渐进、兼收并蓄地掌握各种技术。从多个来源借鉴了世界各地成功的短棍技术，其中大部分都是通用概念，可以很容易地应用于各种短兵器作战中，无论是传统的还是新兴的。

> 风格往往会把人区分开——因为它们各有各的信条，而且这些信条最终还会变成不可改变的真理。但如果你没有风格，你又只会说，"好吧，作为一个独立个体，我该如何完整地表达自己呢？"（如果是这样，那你很难创造出一种新的风格，因为新的风格是不断打破旧信条的过程。）只有如此，人才能不断成长。
>
> ——李小龙

入门指南

在做所有重要的事情之前，都应该有一个清晰的目标。你的终级目标是什么？嗯……我想赢得一场短棍比赛啊！但这究竟意味着什么呢？

首先，我们需要定义胜利。在比赛中获胜和在自卫情况下获胜实际上是有很大区别的。

竞技比赛是指在擂台上面对另一个竞争者时。有时双方接触是可控的，有时是不可控的。棍子可能是包棉的也可能不是，参赛者可能穿着护具也可能没有，但只要有规则，就是一项运动。其目的通常是尽可能多地击中对手而不被反击打到。

自卫的目标应该是争取足够长的生存时间，以顺利逃脱或制服攻击你的人。无论哪种方式，都没有得分，赢家就是可以回家的人。因此，如果能选择逃跑，那就应该果断逃跑，尤其是在你无法获得其他人保护的情况下。虽然这听起来很不勇敢，但事实上，逃跑才是明智之举。在一些情况下，战术撤退对我们很有帮助，否则情况可能会变得更糟。快速撤离是非之地有时就是你阻止攻击者所需要做的正确抉择，通过正确判断，在危险最小的情形下实现你的目标。但这并不意味着不需要战斗，只是因为尽快离开不仅能确保你的安全，而且在许多情况下也是法律的要求。

当然，有时逃脱策略无法实施。也许你被困住了，或者有其他人需要保护，比如孩子或配偶。或者你是一名保安或警察，面对持械袭击是一种义务或责任。在这种情况下，你的目标就变成了尽可能快速、安全、有效地压制攻击者。这时我们的战斗方式应该是运用科学合理的战略和战术来打倒攻击者。你的战略就是你的整体计划，如通过控制距离来控制局面。你的战术就是用来实现你战略目标的特定技术，如使用特定的步法来让你在对手的击打范围之外，或使用其他步法来快速缩小与攻击者之间的距离。

在实际的对抗过程中，控制动作的精准度可能会受到影响，灵活度下降，这时快速解决冲突则是你生存下来的关键。你可以使用很多策略来达到这一点，一个基本又非常有效的策略是使自己尽量在对手攻击范围之外，同时用远距离攻击来重创对手，有效摧毁对手的传感体系，通过对对手的脆弱部位进行有力击打，让你迅速终止战斗。

为了在对抗中有效地使用短棍，你必须努力训练，让短棍成为身体的自然延伸。在任何时候都要努力做到攻击犀利、防御牢固。若要形成个性化的格斗风格，需要努力将短棍技能与选择的基础动作或主要的自卫方法结合起来。学习任何新技能都需要时间，且要循序渐进，在进入下一阶段之前，需要花时间掌握此前每一个级别的内容。

这本书旨在分享短棍格斗的有效要素，我重点关注的是其中的实战功能。训练主要分简单的两步或三步，许多动作都是基于你在战斗中将经历的大肌肉群动作或肾上腺状态，以及对手最可能做出的反应。虽然我有幸接触到几种不同派别的短棍格斗的技术体系，但我有意避免坚持任何一种体系，而是介绍众多体系的共同技术，这些共同技术往往是最有效的。正如英语中的单词都是由 26 个字母拼凑而成，所有的短棍格斗似乎都是建立在少数反映这些技术的普遍原理之上的。暂且把派别的限制放在一边，如此可以更轻松地学习本书中所介绍的核心技术。

下面这些战略、战术和技巧是我几十年研究的成果，不仅是我自己，还有我在过去 30 多年里有幸跟随的许多知识渊博的老师，以及他们的老师和他们之前老师的研究，这些技术已经被检验并被证明是有效的。然而文字和图片只能起到有限的指导作用，其从根本上取决于你是否有效地学习和实践，不断理解并应用，然后再去尝试更多的学习和练习。

千里之行，始于足下。

——老子

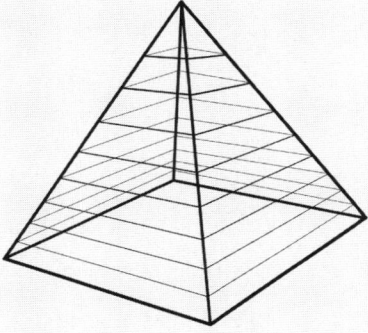

热身和降温
Warming Up and Cooling Down

热身和拉伸

每年有超过千万例的运动损伤发生，但其中许多都可以通过适当的热身来避免。热身会使核心体温上升 2~3℃，持续时间长达 45 分钟，让肌肉为剧烈运动做好准备，并有效防止受伤。精心设计的热身步骤加上一些轻度的拉伸，也会对整体运动表现大有裨益，只要适合热身的动作不太剧烈即可。适度热身能让肌肉逐步放松下来，使你更快、更有力、更敏捷，也更不容易受伤。

你认为可以忽视或匆忙完成热身运动吗？好吧，让我给你讲一个我曾经的惨痛经历。那是 2018 年 4 月，我正在巴尔的摩参加 WEKAF 全国赛。在此之前，我很开心我能保持不败的战绩，当时我已经拿下了长棍和包棉短棍比赛的金牌，正准备在此基础上拿下第三块金牌，这次比赛项目是刀法对抗。我赢得了第一场比赛，在第二场比赛进行到一半时，我突然听到"啪"的一声，同时身体不由自主地踉跄了一下，我感觉好像有人在用棍子狠戳我的小腿。我环顾四周，想看看是谁打了我，但周围只有我和我的对手。我当时就问裁判："谁打了我？"但他只是耸耸肩，回答说："没有人。"我在极度痛苦中完成了那场比赛，我还侥幸胜利了。接下来我在小腿上敷了一些冰块，希望能缓解疼痛，但到了最后一场比赛时，我几乎无法站立。我用一条腿支撑身体打完了最后一场比赛，尽管我用尽全力，但还是以四比六输掉了比赛。当我回到家时，我查看了小腿受伤的情况：小腿 Ⅲ 级扭伤，那种"啪"的一声，就像有人在你的小腿上捅了一刀的感觉至今让我记忆犹新。

我不介意输给一个优秀的对手，但我非常介意我输在自己的愚蠢上。我为那场比赛进行了许多艰苦的训练，并做了充分的准备，但我所有的努力最后都化为乌有，就是因为我忘记了一件最基本的事情：热身。当然，我在刚到比赛现场时做了热身运动，但那是在五个多小时之前，而且在站了一整天之后，我的腿已经变得又冷又硬。我在比赛前也确实做了一些快速拉伸，但这显然还是不够。我没能拉伸小腿，当我最需要身体爆发强大的力量时，它却不堪重负，让我失去了一枚金牌，更不用说还要多花几个月时间才能痊愈了。

这就是为什么所有优秀的教练都会在训练前加入专门的热身环节，为的就是提高成绩和减少受伤。就身体而言，热身的好处包括增加身体柔韧性、肌肉稳定性和关节活动范围。热身还能提高内在的警觉性，做好心理准备。这是因为进行有氧运动会释放内啡肽，它可以调动积极情绪，让你感觉更有准备，去更好地应对挑战。

热身运动的主要目标应该是将体温提高几摄氏度。为了达到这一点，所需的运动量因不同人的心血管调节水平而异，但建议在正常环境下做热身运动，轻微出汗即可。

研究表明，通过运动略微提高体温来进行热身，可以提高体能表现。适当的热身会使血管扩张，减小血液流动的阻力，从而最大限度地减轻心脏的负担。增加的血流量不仅会减少肌肉僵硬，而且还会增加氧气和营养物质的输送，增强肌肉耐力，尽可能长地保持最佳状态。热身也能防止身体过热，因为出汗能促进身体散热。

这种温度升高的机制会使肌肉和肌腱变得更有弹性。热量的增加还会增强神经感受器的敏感性，提高神经中枢的传输速度，这意味着肌肉可以更有力地收缩、更迅速地放松。这将有助于提高速度和增强力量，使习练者成为一个更好的"棍斗士"。通过增强肌肉的弹性，也可降低拉伤肌肉的风险。热身可以增加关节的活动范围，从而降低受伤风险。

你的首要目标应该是提高体温。你需要做5~7分钟轻度或中等强度的运动，直到你微微出汗为止。这些活动可以是任何类型的轻度有氧运动或力量训练：慢跑、动感单车、跑步机、影子拳，等等。然而，对短棍格斗者来说，最好的热身活动则是跳绳，因为它几乎能激活在使用短棍进行格斗时用到的所有肌肉。无论进行哪种热身运动，都应将心率提高到个人最大心率的55%~60%。计算个人最大心率的方法就是用220减去年龄，得到的数字就是心血管系统在运动中可承受的安全上限。例如，40岁的人的最大心率是180。但在热身时，理想的心率是每分钟100到120次。

在热身之后，应该进行轻度的拉伸运动。当你刚开始进行拉伸时，一般先要集中精力来进行动态拉伸。动态拉伸要使每个肢体轻柔地通过完整的运动范围，并逐渐增加拉伸的幅度和速度，拉伸动作包括双臂和双腿的摆动、转圈以及持棍做轻柔的旋转和击打动作。

这时你可能会惊讶地发现，动作停留时间短的动态拉伸比时间久的静态拉伸有更好的运动效果，这是因为静态拉伸是长时间保持一个拉伸姿势。保持姿势超过 30 秒就会导致肌肉的反应能力下降，并在长达 30 分钟的时间里肌肉一直处于疲软状态。但是，要解决或改善某些部位的问题，仍然需要进行一定的静态拉伸，而在锻炼刚开始时，只需保持静态拉伸动作 20~30 秒即可。泡沫轴是一个有用的工具，其能帮助缓解僵硬和不灵活的肌肉。快速的泡沫轴练习可以在不降低肌肉活性或力量的情况下扩大运动范围。

下面的拉伸运动适合大多数人，可起到预防作用，但不针对特定人群。特殊人群的拉伸要更为精准，最好由专业医生诊断开具处方后视情况决定是否拉伸或如何拉伸。

开始时两手握棍，高举过头顶（1a）。身体向右倾斜，拉伸腹肌和斜方肌（1b）。回到头顶位置，当手伸到高处时，身体略微向后倾斜（1c）。身体向左倾斜，拉伸另一侧（1d）

双手握棍，两臂向前水平伸直，尽量向前伸（2a）。眼看右肩，同时将上半身转向右侧，使脚踝一直延伸到颈部的部位都得到扭转和拉伸（2b）。双手握棍回到正面，双臂尽量向前伸（2c）。上身转向左侧时，眼看左肩（2d）

回到朝前的位置（3a）。向右转，从髋部折叠向下弯曲，双臂向下伸直（3b）。髋部保持不动，双臂缓慢回到正中位置，拉伸背部和腿部肌肉（3c）。缓慢转向左侧，髋部折叠，双臂向下延伸（3d）

将右手从胸部穿过，用左手从下面钩住右臂，拉伸肱三头肌和三角肌（4a）。换边，拉伸另一侧（4b），为了活动手腕和前臂，将短棍伸到面前，棍尖指向地面，顺时针旋转360度，然后再逆时针旋转（5a和5b）。换手，重复前面动作

将短棍放在肘弯处，左手臂向内翻转，掌心向左，指尖朝天，同时用右手从下面抓住左手手背，使手指抓住手掌根部，右手大拇指紧贴左手小指根部，以拉伸手腕（6a）。换另一侧重复前面动作（6b）。用瑜伽中的体式"下犬式"拉伸小腿（7a），用"战士二式"让身体做好跳跃腾空的准备，前脚脚跟与后脚脚弓需保持在一条直线上（7b）

训练器材：跳绳

短棍格斗要求参与者具有良好的心肺功能、轻盈的脚步以及快速、灵活的转身击打动作，这就需要有足够的腿部力量和持续的耐力做支撑。然而，不是任何运动都能实现这一点。

深蹲对增强腿部力量很有帮助，但其速度不够快，时间也不够长，无法模拟出格斗所需的持续快速爆发的速度。跑步则具备更多优势，尤其是在加强心血管承受力方面，但跑步时使用的从脚跟过渡到脚趾的步法模式与格斗时使用的基于跖骨的步法不同，其会导致步伐变慢且重，不仅浪费身体能量，而且更容易被对手看穿。

另外，跳绳训练能使人具备良好、放松的弹跳力，而且能使动作沉稳流畅。跳绳可以使你在短棍格斗中做出许多快速、细微的动作，有效地增强击打能力。跳绳的每一下都需要集中精神，保持专注。并且整个过程反应要敏捷，身体要有协调性。这就是经常进行跳绳训练会使你更有力量、更省能量的原因。

起初，跳绳可能会让人感到疲惫和难以坚持，这通常是由身体过度紧张造成的。随着"肌肉记忆"（实际上是大脑中的神经通路）的形成，跳绳的动作会变得更加流畅和轻松，而无须刻意关注自己的动作。随着身体更加放松，将跳的时间更长，消耗的能量更少。这种放松在格斗比赛中至关重要，在实际情况中，你可能需要在相当长的时间内反复挥舞短棍而不感到疲倦。一旦你掌握了正确的跳绳技巧，就能进行数百次有力的击打而不知疲倦。这是其他腿部运动无法比拟的。

一旦掌握了跳绳的诀窍，就会感觉到跳绳实际上是很有趣的。剧烈的运动使身体释放出内啡肽，内啡肽由大脑和神经系统分泌，可以激活体内的阿片受体，产生镇痛效果。换句话说，它会让你感觉心情愉悦。

跳绳的方法多种多样，也就没那么枯燥。最基础的跳法是双脚跳。两手分别握住绳子的一端，让绳子的中间垂在面前。跨过绳子，让它在你身后，你站在它的前面。然后将绳子抢过头顶，当绳子经过脚下时一下跳过去。你不用刻意跳得很高，只需当双脚跳起时使绳子刚好通过即可，然后再匀速轻轻落地。

标准的双脚跳绳

　　跳绳带来的许多挑战让这项运动充满新鲜感和娱乐性。试着在跳的时候将手臂交叉在身前，或者在一次跳跃中将绳子从脚下穿过两次。你也可以在跳的时候交替使用双脚。当你把绳子抡过头顶时，用单脚而非双脚着地。每穿过一次绳子就换一次脚。试着每隔一次就换一次，或者每隔三次就换一次。试着让两只脚轮流跳 10 秒钟，并逐渐增加用单脚跳的时间。试试高抬腿跳绳，在你用单脚跳过绳的同时，试着将另一个膝盖努力抬高到与腰部平齐的位置。其他跳绳的变体包括侧身跳、前后跳、跨步跳、脚尖点地跳、脚跟点地跳、双跳和十字交叉跳，仅举这几例。有关这些动作的详细指导不在本书着重讲述，有兴趣的读者可以查看YouTube 等网站上的许多优秀教学视频。

交叉跳绳

　　跳绳是燃烧卡路里的好方法，体重越大，燃烧的卡路里就越多。从缓慢到较快的速度，一个体重为 130 磅（60.00 千克）的人预计每小时可以消耗大约 500卡路里（2.09 千焦），而一个体重为 200 磅（90.72 千克）的人预计可以消耗超过800 卡路里（3.35 千焦）。当然，以更快的速度跳跃会消耗更多的热量。在过去的 50 年里，有许多研究对跳绳和慢跑的训练反应进行了比较。其中一些研究表明，即使是中等强度的跳绳，只需 10 分钟就能达到慢跑 30 分钟的效果。而在一项研究中，研究人员让一组人每天跳绳 10 分钟，另一组人慢跑 30 分钟。结果 6 周后发现两组人的心血管健康水平相当。客观地说，虽然也有其他研究对此提出不同看法，但仍有足够的证据说明，跳绳是一种十分有效的训练方法，因为它激活的许多肌肉与挥舞短棍时激活的肌肉相同。

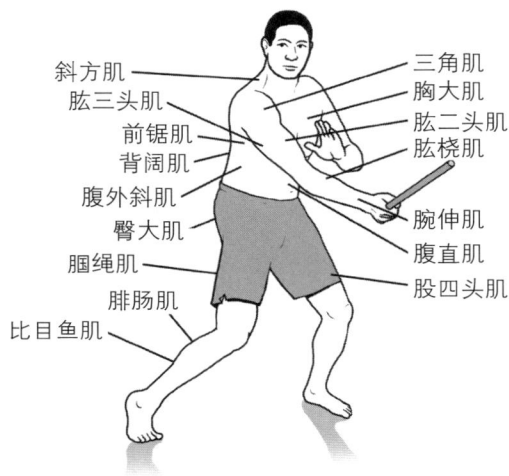

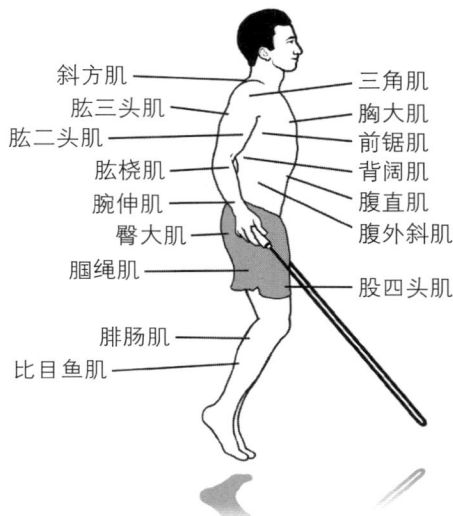

挥舞短棍时激活的肌肉   跳绳时激活的肌肉

跳绳是一种体积小、重量轻的训练器材，携带方便。它所需的运动场地只用一个小空间，几乎可以在任何地方完成，即使你没有绳子或者没有足够的空间，也可以简单地做跳绳的动作，想象手里真的有一根绳子在抡。它可能不像真正的跳绳那么有趣（而且看起来可能有点奇怪），但起到的效果几乎是一样的。

动手制作跳绳

虽然跳绳相对便宜且容易找到，但如果手头上暂时没有现成的，不妨自己制作一根。第一步是选择跳绳的材料。你可以使用各种各样的材料，比如专门的绳材、皮革，甚至是一根旧电线。

不同的材料会对绳子的速度和耐用性产生不同的影响。用尼龙材料编织的跳绳速度较慢，但打在身上不会很疼。而皮绳或电线跳绳虽然速度快，但打在身上就像在被鞭子抽。

第二步，测量从胸口到脚的长度，然后将绳子剪成这个长度的两倍，以制作长短合适的跳绳。一般来说，8 英尺（2.44 米）长的跳绳适合身高 5.2~5.6 英尺（1.58~1.71 米）的人，而更高（5.6~6.2 英尺，即 1.71~1.89 米）的人则更适合 9 英尺（2.74 米）长的跳绳。身高超过 6.3 英尺（1.92 米）的人应该选择 10 英尺（3.05 米）长的跳绳。如果你是跳绳新手，稍长的绳抡转的时间会稍长，这对你很有利。随着你经验的增加和速度的提高，你会希望多余的绳子越少越好。刚开始时最好稍长一点，后面你可以根据需要缩短绳子。

第三步，制作跳绳手柄。你可以用家里常见的物品，比如 PVC 管状物或木销子。与较轻的手柄相比，较重的手柄会给你的上半身带来更多的好处。制作跳绳手柄时，把两块材料切成等长，大约 6 英寸（15.24 厘米）长（根据个人的喜好，这些材料可以更长或更短）。在每个手柄的一侧钻一个孔，确保这个孔洞足够大，足以容纳绳子从中穿过。销子打孔时应该以一个合适的角度一直钻下去。

第四步，可以在跳绳上加一些珠子。这些珠子给绳子增加了一点重量，使它的手感和性能更好。它们落地时也会发出声音，可以用来保持良好的节奏。如果使用珠子，你就需要在连接手柄之前将它们穿到绳子上。

第五步，将绳子的两端分别穿过两个手柄上的孔。然后在绳子的两端打一个牢固的结，这样绳子就不会从手柄端滑落。用打火机小心地烧掉尼龙绳的两端，防止它们被磨损。

第六步，试着跳几次绳，测试长度。如果它看起来太长了，就把过长的那段绳子拉过手柄，捏住它或暂时将它打个结，然后再尝试使用。当绳子长度适合时，在绳子的两端各打一个结，然后剪掉绳子多余的部分。

请参阅本书末尾的附录，以获取有关自己制作跳绳和其他多种辅助训练器材的示意图和更详细的说明。

降温

降温与热身刚好相反，但它同样重要。为了理解其中的原理，我们先来了解身体的自主神经系统是如何工作的。当进行高强度的训练和战斗时，身体会从正常的静息副交感神经生物节律转入战斗或逃跑模式，激活交感神经系统。这会增加心率、扩张肺部支气管、减缓消化速度等。这种变化能让你的身体集中精力进行训练和战斗。然而，如果不花时间让身体从这种状态中恢复过来，就会产生一些负面影响。

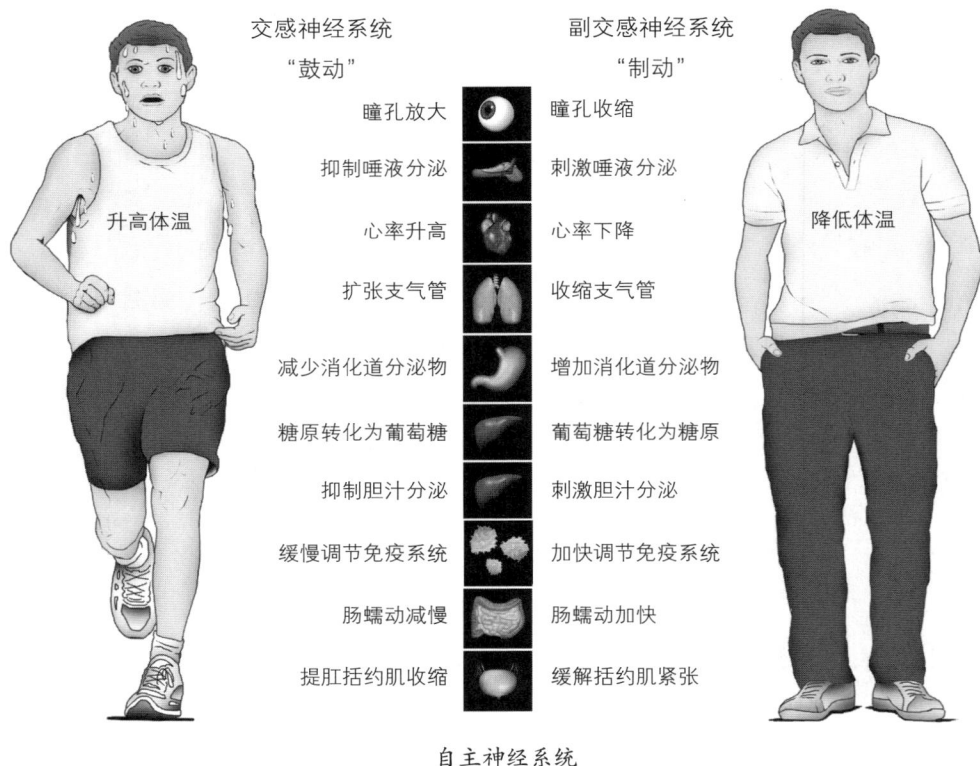

交感神经系统 "鼓动"		副交感神经系统 "制动"
瞳孔放大		瞳孔收缩
抑制唾液分泌		刺激唾液分泌
心率升高		心率下降
扩张支气管		收缩支气管
减少消化道分泌物		增加消化道分泌物
糖原转化为葡萄糖		葡萄糖转化为糖原
抑制胆汁分泌		刺激胆汁分泌
缓慢调节免疫系统		加快调节免疫系统
肠蠕动减慢		肠蠕动加快
提肛括约肌收缩		缓解括约肌紧张

自主神经系统

　　降温将会使你的呼吸和心率恢复到正常水平，使身体和肌肉温度恢复至运动前的状态，并将你的消化系统重新打开。

　　在运动结束后，要逐渐降低心率。在没有降温的情况下突然停止运动会导致血液淤积。运动前，你的心脏在不断地对抗重力，将血液泵送到全身。在剧烈运动中，你的肌肉收缩则迫使血液顺着血管回到心脏。当你突然停止运动时，你的肌肉就不再收缩和协助血液流动了。这时，受重力影响血液会在腿部积聚，而这会使你血压降低，导致头晕甚至发生晕厥。

　　当你准备花一些时间来降低心率时，你就应该拉伸放松，拉长和增强你的肌肉。静态拉伸，即长时间保持一个姿势，可使疲劳的肌肉放松和拉长。事实上，肌肉疲劳时更容易进行放松和拉长。拉伸时，每次都轻轻地拉伸身体的一个部位，就能起到作用。注意不要过度拉伸关节或强行拉伸到疼痛的程度。让你的意念和身体融为一体，这样你就能通过识别肌肉中的紧张，有意识地将其释放出来，从而有效地放松每块肌肉。

长时间的静态拉伸（超过 30 秒）应该留待锻炼结束时进行，因为它会暂时降低肌肉的潜在输出功率，能将运动时集中在肌肉中的乳酸排出体外，缩短身体的恢复时间。同时也有助于让乳酸进入血液，使身体恢复到锻炼前的基线值。这一点尤为重要，因为乳酸会改变细胞的 pH 值，使其酸性更强，降低细胞新陈代谢相关酶的功效。

降温阶段应该持续 5~10 分钟。其目的是在运动后能更快、更彻底地恢复，让身体为下一轮的训练做好准备。

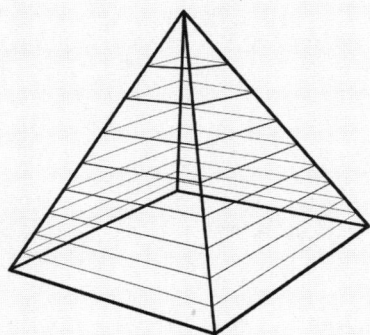

第 1 级　基本技术

Level 1: The Foundation

短棍的选择

在选择短棍时，你有很多选择。你可以选择硬木或藤条材质的短棍，或长或短，或重或轻。

尽管本书中的技巧可以应用于各种长度和类型的棍子，但我主要用菲律宾短棍进行演示，即长约 28 英寸（71.12 厘米）的藤棍。对一般身材的人来说，这是一个万能通用的长度，既不太长，又不太短，比更长、更重的棍子更便于操作。我身高 6.2 英尺（1.89 米），比一般人稍高，所以我可以轻松地挥舞稍长的棍子，并将我的棍子加长到 31 英寸（78.74 厘米）。

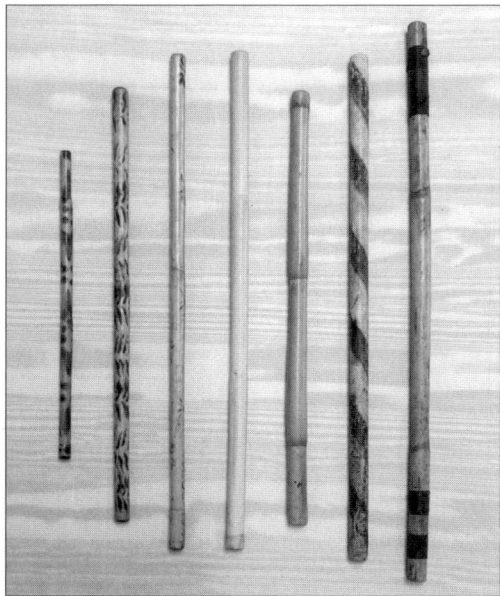

较长的短棍具有明显的伸展优势，而较短的棍子通常重量较轻，具有速度优势。较重的短棍击打得更重，更利于格挡，也能更好地锻炼挥舞棍子时所用到的肌肉。然而，它们的重量会使它们变得更慢。较轻的棍子速度更快，一般不会打得那么重，但其在受到重击或格挡的情况下可能会发生断裂。通常在训练套路和自由实战时首选轻型武器。

短棍的最大长度取决于你的身高。当你自然地握住你的短棍，双

不同粗细、长度和重量的短棍

臂放在你的身体两侧时，棍尖应该刚好到脚踝以下。如果再长的话，当你做旋转或击打动作时，你就要冒着撞到地面的危险了。短棍的直径应该在 1 英寸（2.54厘米）左右。我们都希望它结实耐用，但又不能太粗，否则你将无法完全握住它。

　　我建议用藤条制成的短棍进行训练。藤条看起来像竹子，但其实取材自一种生长在东南亚的藤类植物。与竹子不同的是，它是实心的，但却不像木材那样重。这使得藤棍易于训练，因为它很轻，当你不小心打到训练伙伴时，更容易被原谅（嘿，这种情况时有发生）。当藤条被反复敲打时，纤维开始分离，最终可能会失去硬度，但它不会像普通木材那样破碎或劈裂，留下尖锐的末端。这使得它在许多方面都优于其他木材。

　　木头是制作重型棍的理想材料。沉重的木棍有利于积蓄力量和重击。人们在选择木制武器时，都希望它经久耐用，不易折断。因此要考虑的最重要因素之一就是木材的硬度。大多数人都知道有两种截然不同的木材：硬木和软木。然而，这些名称并不是指木材的

藤是纤维状的，不像木材那样容易劈裂

实际软硬程度。硬木来自落叶树（每年秋天落叶的那种），而软木通常来自常青树（那些树全年都有针叶）。

　　特定木材的实际硬度是由詹氏硬度（Janka Hardness）测试来确定的，科学家们要测试一个小钢球打入木材样本所需的力量。这项测试不能完全判定某种木材的抗击打能力，但它是一个基本标准。詹氏硬度从 500 磅（226.80 千克）到5000 磅（2267.96 千克）不等。适合用作武术棍的木材的詹氏硬度需要大于 2000磅（907.18 千克）。其中包括紫心木和巴西樱桃木等木材。北美木材中硬度较高的有黑槐树、柿树、梧桐树和山茱萸。不建议使用山胡桃木和桦木，因为它们的硬度等级较低，更容易碎裂。白蜡木的硬度等级也很低，但它不会折断，因为它有很高的弹性模量（棍弯曲后能弹回来的程度）。从整体来看，虎皮木是一个很好的选择，因为它不仅坚硬，弹性强，而且木纹交织，具有良好的减震效果。所

有这些类型的木材以及其他更多类型的木材都可以在网上买到。

截至本书撰写之时，劳氏（Lowe's）和家得宝（Home Depot）均有 4 英尺（121.92 厘米）长的实心层压竹制油漆滚筒加长杆，每件售价约 7 美元。它们的直径为 7/8 英寸（2.22 厘米），重量轻，极其耐用，且不会出现裂痕。你所需要做的就是把它们截到一定长度，用砂纸打磨一下，然后涂上几层亚麻籽油或桐油作为饰面。

无论使用什么材质的短棍，每次训练前都要仔细检查，用手沿着短棍的长边轻轻滑动，感觉是否有倒刺，在使用前将其清除或用胶带封住。光亮的保护漆面可能会使短棍从手中滑落，尤其是在出汗的情况下。为了防止这种情况，应该用砂纸轻轻打磨掉棍上的部分漆面。

需要记住的是，最重要的是武器在格斗中的应用效果如何，而不是拿什么武器。假如你受形势所逼，不得不保护自己或你所爱的人，你手头很可能没有现成的常规武器。而你却必须见机行事，有效使用手头可用的任何武器，无论它是长的还是短的，轻的还是重的，锋利的还是迟钝的。因此，你必须尝试在不同的距离上使用各种武器进行训练，来提高你的实战胜算。

短棍的持握

短棍格斗要从学习如何正确握棍开始。这一点非常重要，因为握棍的方式在很大程度上决定了你击打的速度和力度。

单手握棍主要有三种方式：自然握法、中间握法和反手握法。中间握法和反手握法主要在内围格斗中使用，这将在第 6 级近距离攻防中详细讨论。对于远距离和中距离的对抗，应使用自然握法，因为它能让伸展距离更长，同时比中间握法和反手握法更能发出有力的击打，因而自然握法是大多数人握棍和用短棍的本能方式。

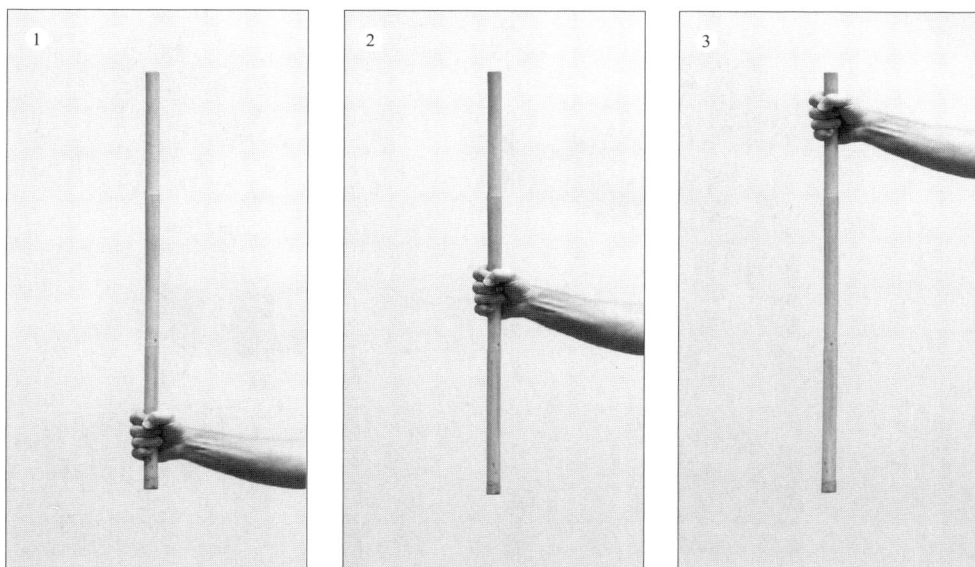

自然握法	中间握法	反手握法

　　握住短棍的一端，使它从握紧的拳头中向外伸出。短棍的末端应距小指端1英寸（2.54厘米）~3英寸（7.62厘米）。这样就有足够的末端可用来击打，但又不至于让对手趁机抓住棍尾。如果对手能够控制你的棍尾，就能控制你的棍尖，并能在一个对其有利的潜在位置来缴除你的短棍。

　　用四个手指抓住短棍，然后将大拇指合拢其上，注意大拇指不要直着伸出来。牢牢抓住短棍，但不要太紧，因为过度紧张会降低击打速度。高阶的"棍斗士"通常会使用更放松的握法，以使短棍在击打时最大限度地发挥作用。但需要注意的是，即使是最优秀的"棍斗士"使用过度松散的握法也更易被缴械。说到这，自然握法也有一个注意要点，就是将大拇指压在棍体上，而不将其锁在其余四个手指上，因为这会使你极易被缴械。

　　你可以将短棍握在任何身体部位旁边。虽然谈不上最佳的准备姿势，但将短棍握在自己的惯用手上是个不错的选择，尤其是在初学时。我们将讨论更高阶的格斗姿势，比如后手防御姿势、双手持棍姿势。基本的预备姿势是中位防卫姿势和高位防卫姿势，如下图所示。

中位防卫姿势：中位防卫姿势是一种非常自然的持棍方式，也是一种多用途的姿势，既适合进攻也适合防御。在这个位置上，你可以发出各种进攻，而且只要棍子垂直握在你面前，就可以用最少的力气覆盖你最大的身体范围。非持械手应随时准备，但注意不要过度伸展

高位防卫姿势：另一个常见的预备姿势是高位防守，这种姿势为头部提供了很好的保护，特别是在面对右手持棍的对手时。这种姿势也可进攻，而且是多种形式的进攻

防守不应该一直是静态的，而应不断移动，保持动作平稳和流畅。这会让你的下一步动作不容易被对手预测，并使对手在精神上一直处在猜测你的状态。不要轻易将短棍从一个位置移动到另一个位置，要考虑战略和战术。在防守方面，可设法让你的短棍与对手的短棍保持垂直，使他更难打到你。如果对手的短棍走高或走低，你就和他保持一致。在进攻方面，从静态中比从动态中更容易发现对手意图，所以流动的、不断变化的防守是一种欺骗性动作，它可以将进攻隐藏起来，让对手来不及阻挡和躲避。

无论你的短棍此时处于什么位置，你的非持械手都应该主动寻找机会压制对手的持械手。但是要小心，不要过度伸展你的非持械手；当对手的持械手在击打范围外时，你的非持械手应紧贴身体，处于蓄势待发的状态。

站姿

站姿是促进身体结构正确排列的站位方式。在此基础上保持身体的稳定和平衡，能让你更好地战斗。你通常会采用 5 种基本站姿：预备站姿、重心前置站姿、"冲刺站姿"、重心后置站姿和"猫式站姿"。站姿不是静态的，而是动态流动的，即根据对手和不断变化的格斗情况而改变。

为了快速移动和有力击打，你的上半身和下半身动作必须协调一致。脊柱是身体的中轴，因此要努力保持脊柱挺直而且放松。这是最有效的移动方式，因为在再次有效击打之前，它能帮你快速找到新的平衡。

预备站姿

预备站姿是为格斗做准备的半蹲姿势。它是一种基础而有效的中立站姿，因为它能向各个方向快速移动。站立时，双脚分开与肩同宽，一只脚向前跨一步站定，另一只脚保持不动，体重均匀地分布在两脚之间。膝盖微屈身体下沉，身体略前倾。脚掌保持轻盈，这样可使得步法移动快速灵活。双手始终保持上抬状态，时刻准备应对攻防变化。

预备站姿

重心前置站姿和"冲刺站姿"

重心前置站姿的攻击范围更大、力量更强，所以用它通常能最大限度地扩大攻击范围。采取重心前置的站姿，需从预备站姿开始，前脚向前滑动，直到前后脚距离约为肩膀宽度的两倍，并且身体的大部分重量都在前脚。在冲刺站姿中，后腿是直的（但不锁定），前膝是弯曲的。

重心前置的站姿是在进攻时采用的最好姿势，但必须随时准备好撤退或向侧边移动。因此重心要稍稍前移，放在脚掌上。

远距离的重心前置站姿被称为"冲刺站姿"，在使用它时，注意双腿不要过度延伸。身体重量主要放在脚掌上，双脚平放于地面，小腿垂直于地面，前脚膝盖不要超过脚尖。

当你使用冲刺站姿时，要能随时准备迅速恢复到一个更灵活、暴露更少的姿势。强烈收缩内收肌（大腿内侧的肌肉），前脚掌用力蹬地，把脚迅速撤回来。

重心前置站姿

冲刺站姿

重心后置站姿和"猫式站姿"

重心后置站姿主要是用来躲避对手的攻击。它是一种迅速将身体向后移动，脱离对手攻击范围的方法。

采用重心后置站姿时，将身体重心向后移，将身体重量大部分放在后腿上，只有一小部分放在前腿上，此时身体下沉，像蛇一样盘旋着，蓄势待发。始终保持双膝弯曲，因为伸直的前腿很容易被强有力的踢击或膝撞打到。

　　也可以将前脚向回拉，形成一个较短的向后站位，即所谓的"猫式站姿"。由于前脚只占身体重量的 10%，较长时间的猫式站姿因而缺乏稳定性。这个站姿要求后腿具有一定弹性，能向任何方向快速移动。

　　运用这两种站姿迂回于对手的有效击打范围之外，直至捕捉到一个进攻机会，就可以迅速发动攻击。

重心后置站姿

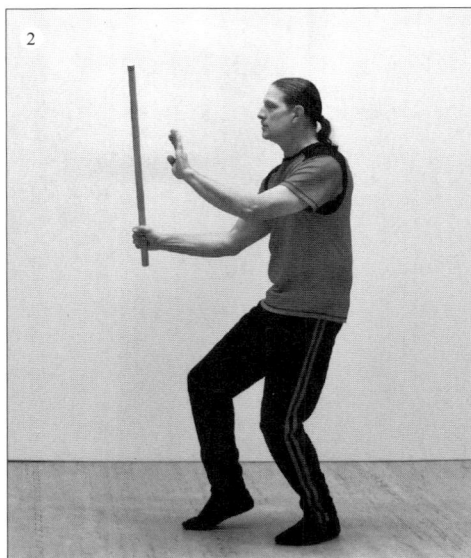

"猫式站姿"

基本击打技法

　　要想成为一名优秀的"棍斗士"，需要学习如何与自己的短棍融为一体。下文所述的基本击打技法是从对身体力学的正确研究开始的，特别是身体与短棍及地面的关系。需要仔细研究你所占据的空间、你面前的空间以及你周围的空间。通过基本击打训练，能学会对距离、击打范围、击打接触面和棍端的控制，以及如何通过核心移动来传递力量。

　　本小节有 9 种基本击打技法。先分别练习每一种击打技法，检查并确保你每次击打时都遵循相同的动作轨迹路径。挥棍时要力求准确，一开始动作要缓慢，然后逐渐增加力量和速度。可用一面镜子或录像机来检查自己动作是否到位。

9 种基本击打技法

击打 1 和击打 2： 从开放式准备姿势开始，右手自然握棍，棍身置于右肩上方

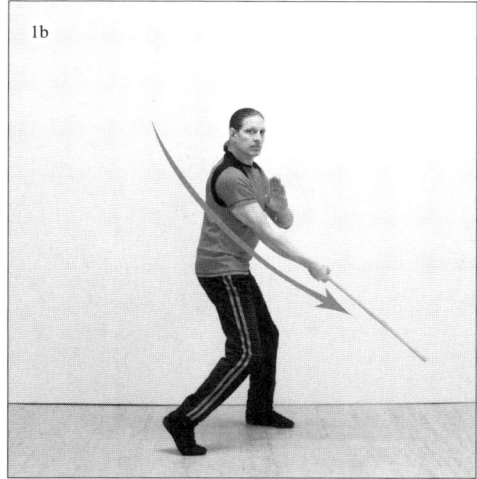

从右向左做斜向下的正手击打

继续重复击打 1，继而进入高位封闭准备状态，这时棍身置于左肩

从左向右做斜向下的反手击打

击打 3 和击打 4：将短棍上提至同侧身体中段，形成开放式准备姿势

从右向左做正手水平击打

继续向左，形成中位封闭准备姿势

从左向右做反手水平击打

击打 5 和击打 6：从低位开放准备姿势开始

由右向左做斜向上击打

随即向下，保持低位封闭准备姿势

由左向右做斜向上击打

击打 7 和击打 8：继续向上，将短棍置于头顶，形成高位开放准备姿势

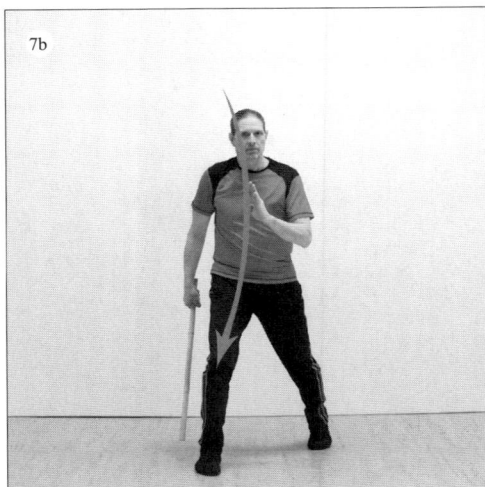

然后沿中线垂直向下击打

手臂翻转向上，掌心朝上

沿中线垂直向上击打

击打 9：短棍下落至中位，形成中位开放准备姿势，棍尖向前瞄准对手

棍尖向前刺出

　　身体、持械手和脚的正确姿势对有效击打至关重要。击打力并非单纯来自持械手臂和肩膀，而是来自整个身体。以脚掌为轴心，用臀部和肩部的力量带动击打动作。注意，身体转动幅度不要太大，以免暴露侧身，使自己处于易被反击的境地。

　　9 种基本击打技法可以用以下模式进行练习。首先是开放式准备姿势（击打手臂位于身体的同一侧），然后从右向左向斜下方攻击，这是最常见的攻击角度。

　　每次出击都要有充足准备的姿势，并全力以赴地完成每一次击打。每次出击都要将动作幅度做足。短小强悍的击打速度更快，通常在对战中更实用。但使用者必须先从整体上不断练习去了解每一次击打的力学原理，然后才能逐渐精简整体动作。尽可能地减少准备和结束动作，同时尽可能地提高动作的力和速度。

　　基本击打位置可由空间距离分为高、中、低三个等级。高位击打的目标是头部和颈部，低位击打的目标是膝盖和腿部。中位的击打目标在距离太阳神经丛约6 英寸（15.24 厘米）的地方，斜向击打时应从肩部到臀部贯穿对手。努力做到水平击打平直，垂直击打上下笔直。正手击打是从开放准备姿势开始，而反手击打是从封闭准备姿势开始。

这种特定的击打训练模式有其道理。首先，击打动作之间衔接流畅，可让你了解击打动作是如何连续使用和组合使用的。击打 1（从右到左斜向下）是大多数人使用短棍时惯用的击打方法，因此你也会经常使用它。其次是水平击打，然后是不太常见的斜向上击打和垂直击打，最后的前刺动作使整个击打组合完成，整个运动轨迹是星号形状，训练时需要注意在 9 种不同的击打方式之间流畅地切换。

这只是 9 个基本击打动作。在学会了如何单独实施每个击打动作以及能在击打动作间流畅地转换之后，就可以按照不同的顺序练习击打动作了。例如，练习互为对角线的击打（成对的击打，沿着相同的角度切回）。在完成击打 1（从右到左斜向下）后，立即用击打 6（从左到右斜向上）回切。这是一个有效的组合，因为它能快速、连续地击打身体的两侧，使对手难以格挡。

当你已经掌握了右手击打的方法，或是感到疲劳而需要休息时，可以换成左手握棍进行训练，用镜像击打法重复这个模式（例如，在右握棍时从右到左沿对角线斜向下击打，在使用左手时就变成从左到右沿对角线斜向下击打）。虽然这些击打动作都是在中位以自然握法来进行的，但击打时也可以用中间握法或反握进行，也可以在任何高度水平上进行：高位能打到头部和颈部，中位能打到躯干，低位能打到腿部（注意，低位击打时，要膝盖弯曲，使身体下沉，但不弯腰）。刚开始练习时先做原位练习，当你每种技法都很熟练后，就可以结合后面介绍的不同类型的击打和步法进行练习。

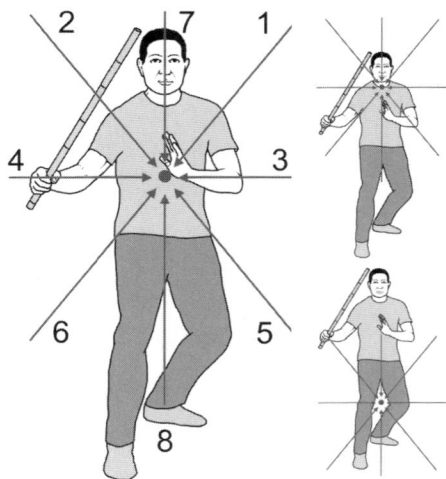

不同高度水平的击打角度不同，击打目标也不同

准备位

现在，你已经掌握了 9 种基本击打技法。接下来要努力提高熟练度和连续击打的速度。要做到这一点，关键是了解如何在每次击打后有效地把短棍归位重置。每次击打都应该从准备位开始（见位置 1a、2a、3a，等等），这可以使你的身体和短棍发挥最大效用。从有利的角度和位置启动攻击，你可以最大限度地增加击打时的动能，用最短的时间将击打的动能最大化。

为了理解准备位的重要性，我们先看不同枪械使用时的类比。双动式枪支要求子弹先上膛，然后扣动扳机射击。而半自动枪支在每次扣动扳机时不仅会发射子弹，还会执行所有必要步骤来准备再次发射，因此射击速度相对要快得多。

正如使用半自动枪支，你可以通过在每次击打完成后提前准备好下次击打的位置来提高连续击打的速度，这样就便于再次攻击。这些准备位有助于多次击打之间的平稳过渡。任何一种准备位都不会限制你的击打方式。

如果短棍穿过你的中线，你就处于封闭的准备位。如果短棍放在持械手的同侧，就处于开放的准备位。未经训练的人几乎都是从开放的准备位发起攻击。封闭和开放的准备位又可细分为高、中、低三种，这取决于短棍放置的高度。在任何准备位中，非持械手都应该在身前做守卫状态。

击打类型

短棍击打的类型有三种，每种都有不同的作用。9 种基本击打技法都可以分为快速击打、全力击打和双重击打。

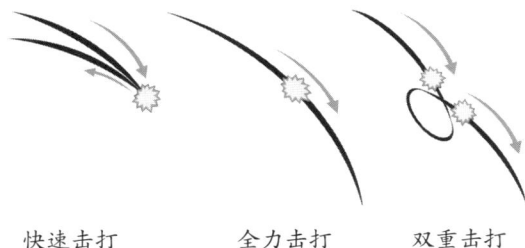

快速击打　　　全力击打　　　双重击打

快速击打（扣击弹打）

快速击打速度快，但缺乏全力一击的力量。弹打瞬间击中目标后，然后在不继续击打目标的情况下马上返回到准备位，虽然不一定能返回到原来位置，但通常也要在身体的同一侧。快速击打的弱点是短棍必须完全停下来才能改变方向；每次使短棍挥动和停止都需要时间和动能，既要突然加速又要突然减速。

全力击打

全力击打将你身体的所有动能集中在一处发挥。全力击打不仅非常有力，而且也是大多数人使用短棍击打的本能方式。全力击打通常是以大力击打目标来完成的。

双重击打（连击）

双重击打是在一次挥击后旋转并继续沿同一角度击打。双重击打具有一定的欺骗性，因为短棍在一次挥击中经过目标两次。两次都可以作为攻击使用，也可以使第一次挥击作为佯攻或吸引之用，为第二次挥击创造机会。其中，第二次挥击通常在两次挥击中威力更大，它要求完全穿过目标，因此可以把力量完全投入其中。

击打范围和距离

击打范围是指使用短棍所能到达的范围。一般有三类，即近距离、中距离和远距离。远距离是指在箭步冲刺时将短棍向前伸直时其尖端所能达到的距离。中距离是指自然握棍时可以轻松触及的距离。当非持械手能触及对手身体时，就已经进入了近距离攻防范围。每类击打范围都有其相对应的战略、战术及有效的技巧，我们将在后面的级别中更深入地研究。

距离是指你和对手之间的空间。范围和距离决定了你可以有效地运用哪些技术。你必须知道针对不同范围的应对策略，包括何时、为何和如何从一个范围移到另一个范围。学习的目标是无论你手里有没有短棍都要在下意识的状态中保持自己与对手的距离。适当拉开距离通常意味着将自己置于对手的攻击范围之外。用棍尖击打的范围最大，那你通常就要将自己定位在这一范围外。这可以保证自己相对安全，同时寻找适当机会缩小差距，发起进攻。

"死亡圈"是假想围在你四周的一圈线，它规定了在这种情况下你的武器即短棍的有效范围。在防御方面，你置身在对手的最远击打范围之外，直到你准备好

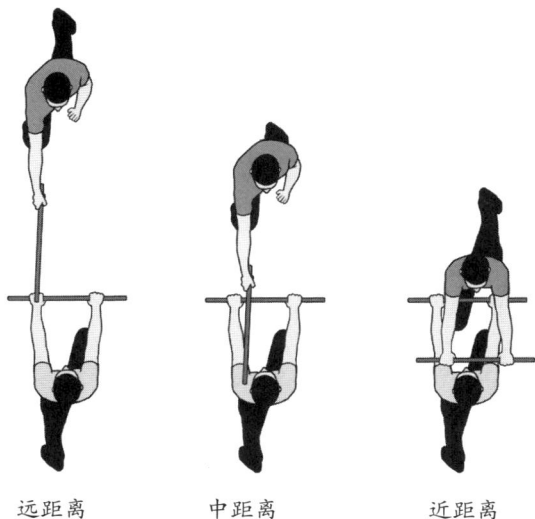

远距离　　　中距离　　　近距离

进入。当然，你必须高度警惕，因为一旦超过你的最大击打范围你就无法进行有效攻击，所以应该对停留在你圈子之外的对手保持最小的能量消耗；然而，对手一旦进入你的攻击圈，就应尽快与其交手。请注意，与对手"交战"包括诸如佯攻、回避步法等非接触技术和直接的身体对抗。毕竟，你想要的是聪明的战斗，而不是艰苦的战斗。

要想在比远距离更大的范围内击中目标，就必须移动脚步。你只要眼睛时刻盯着对手的身体，就能解读他的动作。这样你就有足够的机会后退，保持与对手之间的距离，使自己处于对手武器的有效击打范围外。另外，你也可以向前倾

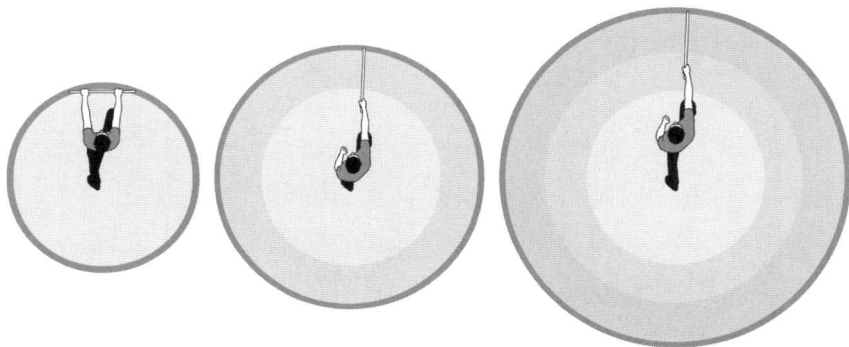

近距离　　　　　中距离　　　　　　远距离

斜，追击和拉近距离。关键是，步法和控制距离是相互关联的技能，这些技能你必须充分熟练才能有效地使用任何武器战斗。一个熟练的"棍斗士"能通过控制距离来控制战斗，这是因为他能预料对手的动作，并在适当时候运用适当的步法。

在进攻方面，你无须等对手进到你的圈子再攻击他。你只需迈步向对手走去，就能让他进入你的圈内。如果他试图退到你的圈外，就通过跨步法快速移动消除间距，使他回到你的圈内，最好使他位于你的正前方。

了解击打范围、距离和"死亡圈"对制订有效的格斗策略大有裨益。

步法

步法是一个专业术语，用来描述战斗时移动双脚的具体方法。站姿和步法决定了进攻和防守的有效性。好的步法能使你对对手的动作作出反应。例如，当对手向你走近时，你就向后移动，和对手保持安全距离。更复杂的步法让你不仅可以避开对手的有效攻击范围，还能在对手不设防时发出攻击。

与站姿一样，步法的一般规则是在稳定而流畅的移动中保持身体平衡。这首先要从挺直的脊柱开始。脊柱挺直，椎骨叠加，只需最少的能量来维持平衡，因为它能将身体重量均匀地分配在双脚之间。而这能让你快速地左右摆动身体，而不必重新寻找平衡。为了在任何方向上都能快速移动，也需要脊柱挺直。如果倾斜脊柱，你不仅会向倾斜的一侧倒去，而且很难向相反方向移动。

通过"踮起脚尖"，你就能保持弹跳力，从而实现快速移动和有力击打。但这并不是说你的脚跟必须抬起，而是你的大部分重量停留在跖骨上，也就是脚前掌上。流畅的步法不仅要求用支撑脚的前脚掌蹬地，还要求以受力脚的脚掌着地。用脚跟踩踏式的步法速度较慢，因为脚跟缺乏支持击打时所需的肌肉组织，甚至在前脚掌接触到地面之前都无法快速移动。一旦脚掌全部着地，就意味着你已经做好了移动的准备，或者是你已经准备转身或击打。

在你移动脚步之前，注意不要做出暴露你意图的举动。你可以自然而然地将重心悄悄转移到支撑脚上，以减轻迈步的阻力，从而使身体重心偏离你打算迈步的方向。但这也可能会适得其反，因为你随后必须克服惯性，让身体停下来，然后才能将重心移回最初的方向。这会使你的速度变慢，并暴露自己的动作意图。

用一面镜子观察自己的动作。寻找你在移动前的细微迹象，然后努力消除它们。不要只关注你的脚，还要注意你的头、肩膀和手臂是否有多余的动作。这项练习不仅能让你进行大量的自我纠正，还能让你学会如何识别对手的动作意图。

为了更好地理解短棍格斗中流畅而有力的步法，你可以借鉴西方拳击中的步法。YouTube 上有许多优质的拳击视频，专门介绍格斗中这一非常重要的内容。

滑步

当使用短棍等短兵器作战时，一般是用你的主导手（前手）握棍。这能让你的短棍伸得更远，也能将武器挡在你和对手之间。用主导手握棍能发挥的作用最大，而滑步则是一种有效的步法，使你在进入、退出和绕过对手时保持相同的防守和站位。

滑步的动作与拳击步法相似，前脚向任意方向滑出一小步，后脚迅速跟上。开始时，当你用前脚向前伸，后脚的前脚掌蹬地时，立即收紧内收肌（即大腿内侧的肌肉），把后脚拉回到一个稳定的状态。

向后移动时，后脚向后滑出一小步，然后用前脚的脚掌蹬地而不用脚后跟蹬地。当后脚落地时，用力收缩内收肌，把前脚拉回一个稳定的站位。

用左脚向左移动或用右脚向右移动时，也要使用这种方法。

永远记住，有力且可控的步法是用前脚掌蹬地和落地，而非用脚后跟。

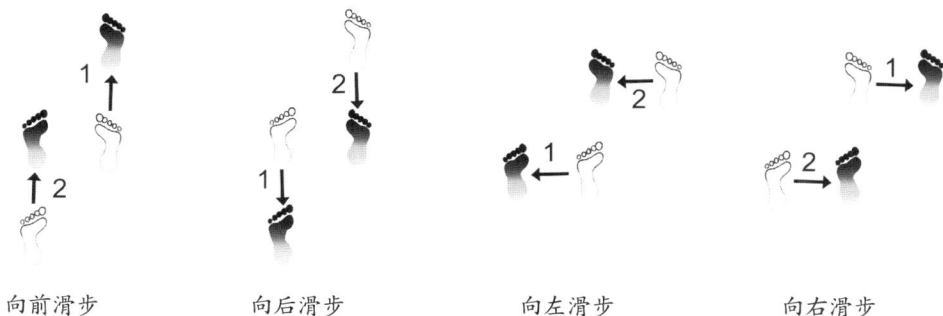

| 向前滑步 | 向后滑步 | 向左滑步 | 向右滑步 |

注意：实心的脚印表示最终落脚位置

环绕步：绕进

环绕步，也叫"弧线迂回步"，可以帮助你在避开对手攻击的同时有效回击。当对手还与你有段距离时，你就可以绕过他，想象他周围有一个圆圈，你站在圆圈的内侧。要围着圈绕或向内迂回，则沿对角线向右或向左移动。具体绕圈的方向要看对手的位置。当步法移动到位时立即调整角度，让对手正对着你的击打中

环绕步：绕进

你准备"包围"对手

先将右脚向右前方移动

一旦前脚掌着地，后脚立即跟上，并在身后复位

在这里，我顺势做高位反手击打，你也可以做其他的防御或进攻动作

线，同时你要偏离他的中线，以躲避他的击打。[①]

　　你的目标应该是将身体移出对手的有效击打范围。要完成这个目标，你就要离开他的中线。简单来说，就是你通过绕圈使自己不站在对手的正面。如果你的对手是右撇子，即用右手持棍，你就需要向左移动，进入对手的加速区。你也可以向右移动，但这相对更危险，因为你必须绕得够远，才能确保你在躲过对手的有效击打后，进入他的减速区。

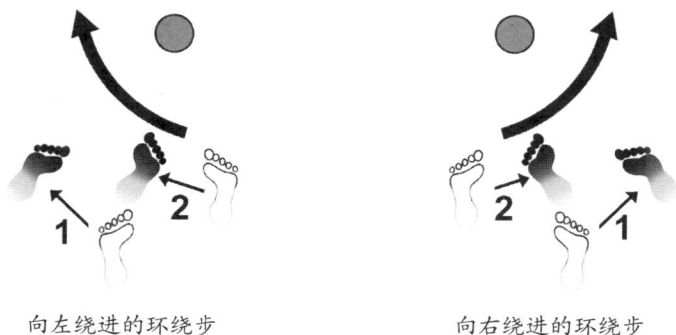

向左绕进的环绕步　　　　　　　向右绕进的环绕步

注意：实心脚印表示最终落脚位置

环绕步：绕出

　　有时对手会突然冲过来，其目的是要迅速缩小从远距离到中距离及近距离的差距。当对手冲过来时，应避免直接向后移动。你的身体是通过踩下脚掌蹬地来移动的，因此你脚掌向前蹬地比向后移动更快，若你用脚后跟向后蹬地，则速度更慢。而这给了对手冲锋的优势，因为你后退的速度赶不上他前进的速度，所以通常最好的办法是避开对手的攻击线。绕出去是针对从正面冲来的对手的一种有效退让方法，可以让你避开攻击并进行反攻。

　　想象自己要避开一个咄咄逼人的对手。与其直接向后退，不如将身体转向与对手前进线垂直的侧边来避开攻击。开始时，将后脚沿对角线向后滑向身体的右侧或左侧。然后立即调整角度，使对手处在你的中线上，同时偏离他的中线，避免被他击中。这个"开门"动作类似于西班牙斗牛中"斗牛士"的动作。

---

　　① 译者注：该步法类似咏春拳中的"朝面追形"概念。

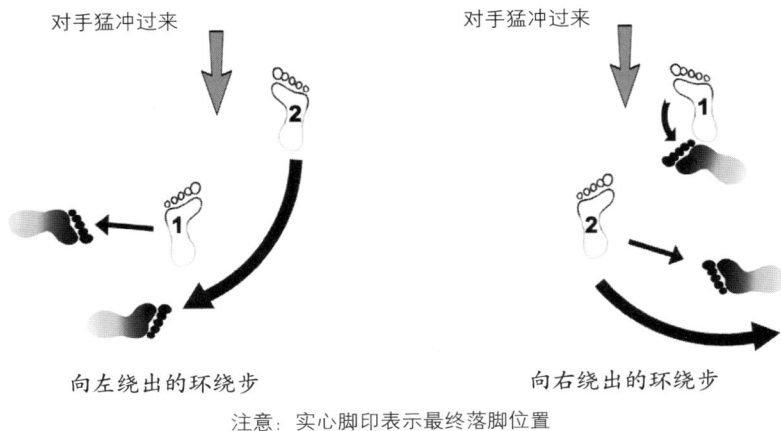

对手猛冲过来

对手猛冲过来

向左绕出的环绕步

向右绕出的环绕步

注意：实心脚印表示最终落脚位置

环绕步：绕出

在对手冲锋时保持守势

通过向右后方迈步旋身让位

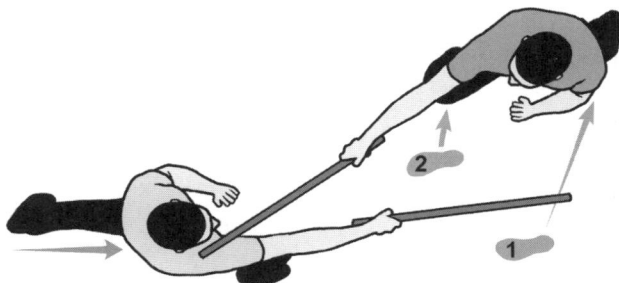

绕出步法的俯视图

跨步

当一只脚向前或向后经过另一只脚时，你就完成了一个完整的跨步动作，有时称之为"过步"。它不仅能覆盖比滑步更多的距离，还能让你调换左右姿势。宫本武藏在其经典著作《五轮书》中提到，最具破坏性的击打就利用的是这种步法，世界重量级拳击冠军杰克·邓普西和迈克·泰森在拳击场上也多次证明了这一点。

无论你的武器是刀剑、棍还是拳头，这个概念都同样适用，因为跨步可以让你在击打中产生更大的

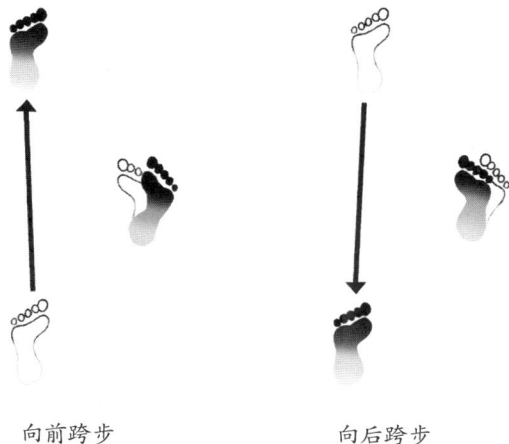

向前跨步 　　　　　　向后跨步

注意：实心脚印表示最终落脚位置

动能。有些步法左右跨步时会有瞬时的双脚交叉，应尽量避免，因为它会暴露你的劣势。

如果你从滑步开始战斗，那么接下来用适时到位的跨步则能快速推进到毫无防备的对手身上。跨步是某些战术起作用的关键，如第 2 级中教授的后卫防守。

关于步法的最后说明

良好的步法有多重要呢？来，让我给你讲一个故事。那是 2014 年的夏天，我代表美国队参加全接触双短棍格斗比赛。我的对手是澳大利亚冠军尼尔·麦克利什所带领的小组，比赛还未开始，他们就对我上下打量并抓住我的弱点：我的左裤腿未完全拉下来，大腿肌肉直接裸露出来。果不其然，比赛一开始，尼尔就伺机大力击打我的左大腿，在多次躲避之间，我的副手克里斯·斯纳尔提醒我要向左转，以此干扰他的攻击。庆幸的是，在这之后尼尔很难打到我的腿，转而用其他方式来击打。这是一场精彩的比赛。三个回合后，双方打成了平手，我们不得不进行第四个回合，但我最终遗憾地以得分落后输掉了比赛。

从上面这个故事中我们可以知道，步法对比赛的结果产生巨大影响。如果

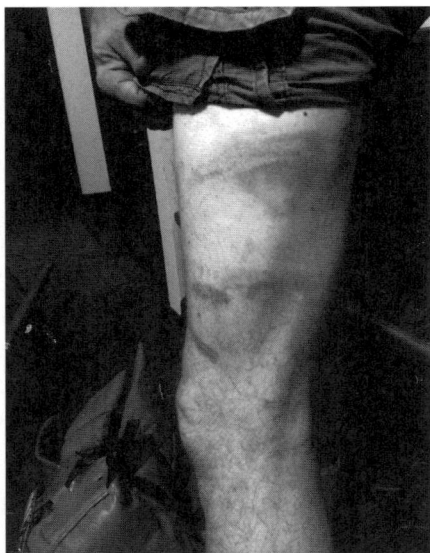

尼尔在我腿上留下的一些伤痕

我早点想到应对策略就有可能改变裁判对第一回合的评分，我就有可能赢得比赛。因此建议你深入地研究和练习步法。我上面提及的步法模式在某些情况下有效。然而，比赛的情势总是不断变化。因此，你必须学会在格斗时审时度势，然后运用适当的步法来实现眼前的短期目标。

得到的第二个教训与步法无关，但它很重要，因而在此列入。虽然短棍产生的力量相当大，绝对属于"断骨"范畴，但你不能依靠任何击打及击打组合，来击倒一个意志坚定的对手。曾有一个超重量级冠军用一根没有包棉的藤条在我的腿上打了足足一分钟，虽然疼得要命，但我并没有倒下，动作也几乎没有慢下来。你要记住，看似能"一招致敌"的击打，其实并不一定奏效，最后只是单纯伤害了对方而已。当肾上腺素激增时，要有一个特殊的击打力和绝佳的位置才能阻止一个坚定的入侵者。

训练器材：地面模板

有句经典的谚语"赢得比赛靠步法"，说明了步法的重要性，所以人们为训练有效的步法而开发出各种各样的方法也就不足为奇了。其中，地面模板是最简单且最有效的一种。

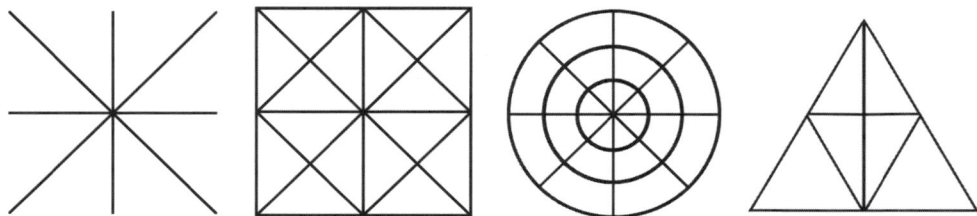

一些用于训练步法的常用地面模板

地面模板提供了一个练习步法的框架。这将有助于训练快速、准确的动作。了解不同的线和角度，就便于按照对手的动作作出快速而适当的反应。

最基本的地面模板是星号。向前，向后，从一边到另一边，沿着线条移动。了解这个基本模式将帮助你解锁其他更复杂的模式。

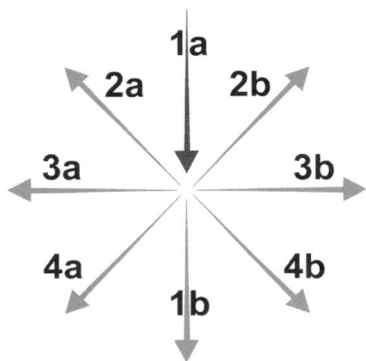

星号：开始时，想象对手正持棍向你冲刺过来，垂直线代表他的来势（1a）。你可以直接向后移动（1b），但由于你在对手的攻击线上，且他向前移动的速度比你向后移动的速度快，这并不是最优解（更何况他更能掌握主动权、气势更强）。这时你可以向左或向右前倾斜，调整角度（2a 和 2b），沿水平线向左或向右水平移动（3a 和 3b），或向左或向右后倾斜（4a 和 4b），这些移动方向都是你面对正面攻击时的基本操作

当你探索如何随对手移动而移动时，地面模板的练习就变成了下一盘国际象棋。当你掌握了从对手的击打区域向左倾斜和向右倾斜的概念时，你会意识到模式中存在着正手（掌心向上）和反手（掌心向下）的关系。向左前移动时有利于正手击打，而向右前移动时则有利于反手击打。

不要忘记在中线上向前冲锋（如果那里没有标记线，你可能会忘记）。压倒性的中线冲刺加上你后驱的动力，可以冲破对手的防守，并使你有机会在冲刺后由自己掌握攻击节奏。

用胶带标出的已磨损严重的地面模板图案

八字舞花

基础八字舞花

旋转是基于各种自然的圆形轨道，将一串连续的、流动的击打动作组合在一

起。不过，请记住，在旋转过程中你的重点仍然在击打上。每一次击打都要从准备好的站位开始，并将目光锁定在一个特定的击打点，以帮助你提高专注力和积蓄力量。

利用旋转可以进行一连串的快速击打。在静止状态下发动的攻击比隐藏在移动过程中的攻击更容易被察觉。因此在进攻中，可以利用旋转动作来隐藏自己的实际意图。在防守中，旋转动作可以形成类似盾牌那样的防御，阻止对手攻击。

基础八字舞花

"8"字形是一个简单的旋转，由两个击打动作组成，一个从右到左沿对角线向下击打（1 和 2），然后从左向右击打（3 和 4），这个形状从正面看就像画 3 个"×"，从侧面看则像"8"，好似一个无穷大符号"∞"

高阶八字舞花

熟练掌握了基础八字舞花后，就可以通过沿对角线向上击打来转换方向，这种旋转通常被称为"向上的'8'字形"。有水平的"8"字形、垂直的"8"字形

挥舞数字"8"建立一个防御屏障，可以暂时抵御攻击，也可以用假动作迷惑对手

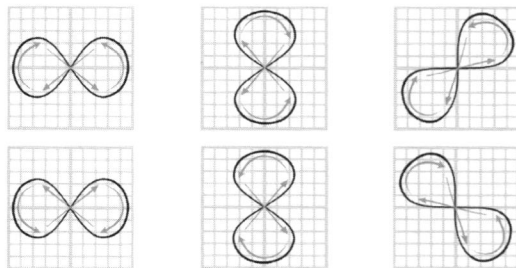

数字"8"有许多不同的演练形式

和斜 "8" 字形（左上—右下或右上—左下），它们在顶部和底部回旋，而不是在两侧。最后，通过将垂直和水平击打连接在一起，建立沿对角线的 "8" 字形图案模式。

通常情况下，"8" 字形是用全力击打持续穿过目标，但也可以用快速击打和双重击打。接下来，改变上下层次，针对高位、中位、低位三个高度进行练习。最后，将不同类型的步法加入 "8" 字形练习中，目的是将所有动作糅合到一套自由流动的练习中。你也可以两只手轮换练习！

每一次练习都会增加你的多面性，提升整体用棍技能。努力让积累的练习动作之间能快速、灵活地流畅转换，将多种不同的击打动作无缝连接成难以预测的动作组合，这将有助于你成为一个更优秀的 "棍斗士"。

击打力

选择用短棍大力击打的原因主要有以下几方面。首先是实用性。对所有的冷兵器来说，只要使用其进行几下有力的击打，就能产生很大的杀伤力。永远不要忘记，短棍格斗是一种暴力活动，其目标是使对手丧失战斗力。战斗时间越短，受伤的概率就越小，而一次有力的击打就有可能结束战斗。短棍是一种冲击型的钝器，相比于刀、剑等有刃武器只需很小的力就能导致割伤或刺伤，短棍则需更大的击打力量才能对对手造成伤害。

其次是力学性能。为了集中力量进行击打，整个身体需要协调一致。持棍用力击打需要肌肉、骨骼和呼吸的配合。练习发力可以强化运动链中的任何薄弱环节。初学者在尝试发力时往往会做出较大幅度的挥击动作，然而，与此相反，这样大开大合的挥击并不能产生强有力的击打效果。大幅度的挥击通常是未经训练的新手的标志性动作，既不利于快速形成组合动作，也更容易被格挡或躲避，正确的做法是用短棍努力沿着小角度的弧线轨迹攻击目标。

最后，击打是一种享受，也是一种有效的减压手段。此外，尝试看看自己的击打力度也很有乐趣。这些训练会增进你对短棍性能和相关技术知识的了解并提高整体技能水平。这反过来又会强化你提升个人技能和技术有效性的信心。

击打的科学

计算击打的威力是一件棘手的事情，即使是对有科学头脑的人来说也是如此。这其中涉及许多变量，包括武器的类型、尺寸和质量，以及持械者的体型、力量和速度。虽然确切的科学知识不在本书的范围之内，但我相信，即使是简明扼要的阐述，也能帮助我们理解和掌握用棍击打的力学原理。

由于短棍是钝性创伤武器，其攻防动作运动轨迹通常是弧线（即一个圆的弯曲部分）。然而，更准确地说，短棍的挥击动作是由几个以不同支点为中心的运动圆圈叠加而成：一个在肩部，另一个在肘部，还有一个在腕部。生物力学研究表明，这三个圆最终合成一个运动圆圈，其圆心大概位于持械前臂的中部，所以可以想象一下，短棍扫过一个圆，圆心在这个位置。

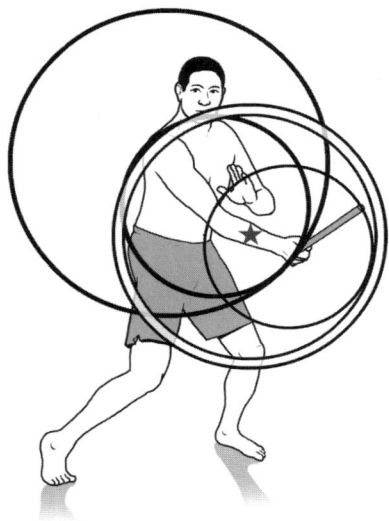

想象一下，一张黑胶唱片在唱片机上旋转。当它转动时，唱片边缘上的一个点绕一圈的长度为唱片的周长，而唱片内缘上的一个点在相同时间内形成的圆圈要小得多，走过的距离也更短。由于这两点在相同时间内旋转的圈数相同，因此外缘上的点必须比内缘上的点移动得快，才能在相同时间内移动更长的距离。虽然这两点的线速度不同，但它们的角速度（每分钟转数）相同。

同样的关系也适用于持棍击打，棍子顶端比中部移动得快。由于动能等于质量乘以速率（速度）的平方，因此在质量一定的情况下，速度实际上是所有击打力的决定因素。

以肩部、肘部和腕部的不同支点为圆心的三个圆最终叠加成一个圆，其圆心位于前臂的中间位置

要尽可能快地出击，因为这样可以最大限度地增大击打的动能。那么，一个人挥棒的速度能有多快呢？

1998 年，《基督教科学箴言报》上刊登了一篇名为《重击的科学》的文章，其中指出，职业棒球运动员的挥击速度可达每小时 80 英里（128.75 千米 / 时），

职业网球运动员挥拍的最高时速也与之相近。职业高尔夫球协会的高尔夫球手的球杆头部速度更高，大约每小时 90 英里（144.84 千米／时），这是因为高尔夫球的头部更重，球杆更长。职业棒球投手可以投掷每小时 100 英里（160.93 千米／时）的快速球，但这种用尽全力的投球方式会极大损害他们的肌腱和韧带，以至于运动教练都认为这可能是人体产生速度的上限。

并不是每个人都能以每小时 80 英里（128.75 千米／时）的速度挥击，即使那些能做到的人也不是每次都能稳定地完成。大多数的击打速度只能达到这个速度的一半。虽然负重训练等运动有助于提高挥击速度，但研究表明，每个人都有自己的最高击打速度，这取决于体型、肌肉等，很难超越（例如每小时 50~60 英里，即 80.47~96.56 千米／时）。你所能做的就是训练身体正确发力，最大限度地发挥你的自然潜能。如果只是为了好玩，那么让我们来玩一组数字游戏。为了便于理解，我将尽量简化。为计算方便，这里使用的是近似值，但这并不影响我们理解持棍击打的科学原理并以此作为参考。

从短棍开始。短棍的长度和重量各不相同，但我们假设以自然握法握住短棍，棍长 25 英寸（63.50 厘米）。挥击速度为每小时 80 英里（128.75 千米／时），击打力是 100 磅（45.36 千克）（严格讲，这应该用牛顿来衡量，牛顿是国际单位制中的力学单位。但我在这里做了简化，请勿见怪）。

为了便于计算，我们假设你与击打物发生了非弹性碰撞，你所有的击打力都集中在棍尖的 1 平方英寸（6.45 平方厘米）处。用击打力除以撞击的表面积，就能计算出单位面积传递到击打物的压强。在这种情况下，短棍将产生每平方英寸 100 磅（45.36 千克）的压力并传递给目标。

正如我之前所用唱片机的比喻一样，在武器尖端处和中部产生的挥击速度存在巨大差异。短棍每向下移动 2 英寸（5.08 厘米），挥击速度就会减小约每小时 5 英里（8.05 千米／时），因此击打力就会减小。更重要的是，用短棍的大面积棍身作为接触面来击打，可将击打力分散，从而减小了单位面积的击打力。

如果击打接触面正好位于棍尖的下方，例如在短棍的 20 英寸（50.80 厘米）至 23 英寸（58.42 厘米）之间，挥击速度约为每小时 70 英里（112.65 千米／时），击打力约为 90 磅（40.82 千克）。此外，力会分散到短棍侧面约 3 平方英寸（19.35 平方厘米）的地方上，1 平方英寸（6.45 平方厘米）的压力只有 30 磅（13.61 千克），大大小于棍尖所产生的每平方英寸（6.45 平方厘米）100 磅（45.36 千克）的压力。这一点，你可以通过击打一个大纸板箱来证明。用棍尖击打通常会在纸板上戳出一个洞，而用棍身击打则可能使纸板有一些凹陷，但通常无法穿透材料。

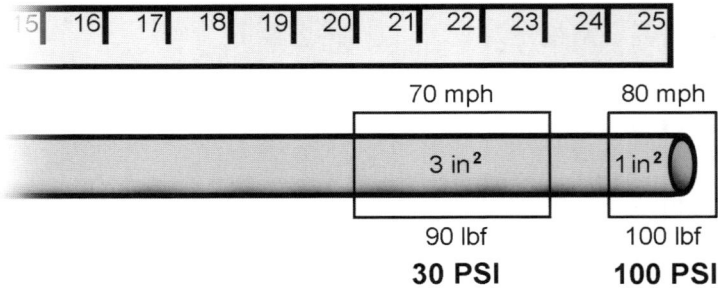

由撞击的物理原理可知，击打产生的力取决于短棍的哪一部分作为击打接触面。"PSI" 为每平方英寸的磅数，"lbf" 为力的磅数；"mph" 指 "英里 / 小时"，"in" 指 "平方英寸"

虽然我在前面的例子中使用了 100 磅（45.36 千克）的力量，但也可以用比这更大的力击打。在美国国家地理频道《格斗科学》（一档致力于将实验室技术应用于武术研究的电视节目）的一集中，演示了短棍可以产生超过 1000 磅（453.59 千克）的力！这种力可以轻易地打断骨头或击碎头骨。又或者说，这可以做到吗？

这在很大程度上取决于骨骼本身，以及它在体内的位置以及攻击的角度。骨骼 "主人" 的年龄、饮食和生活方式也起一定的作用。小骨头很容易骨折，尤其是当压力施加在最薄弱的部位时。只要在你的一块小骨头上，例如在手指上，施加 25 磅（11.34 千克）的压力就会导致骨折。长骨，如股骨，则要坚硬得多，它可以承受近 900 磅（408.23 千克）的力。因此，答案是肯定的，只要击打得足够有力，而且击打方法正确，就能打破骨头。

如果你打过棒球或网球，就会对 "甜蜜点" 的概念并不陌生。"甜蜜点" 更准确的叫法是击打中心，或 "CoP"。这是球棒、球拍或球杆上能向目标传递最大击打力的位置。任何击打都会引起线性反击打力（动量守恒），导致物体围绕其质量中心旋转（角动量守恒）。如果你打过棒球，你可能体验过重击产生的强烈震动，这种震动会沿着球棒向下传导，并刺痛你的双手（见后附图 1）。然而，当冲击力直接作用于 "CoP" 时，这两种力会相互抵消，手柄处不会感觉到反击打力，因此它被称为 "甜蜜点"（图 2）。

实际上，"CoP" 不是棍上的一个固定点，相反，它的位置取决于握棍的准确位置、挥击的弧度、持棍的松紧程度等。你可以以自然握法握住短棍，然后将棍尖倒挂，来确定它的位置。用松散的握法，让棍在手中自由摆动，快速将手左右移动，尽可能快速、平稳地来回移动，尽量不要让手上下移动，只做左右移动。此时，往下看靠近棍处有一个区域几乎没有移动，棍的其他部分围绕它旋转，这就是"CoP"，它能提供最大的攻击力。

图 1　击打点在 CoP 之上　产生旋转加速度　CoP

图 2　击打点在 CoP 上　产生平移加速度　CoP

棍的不同部位受到击打的效果

那么，你应该用哪里打呢，短尖还是棍中部？摒除完美的击打技巧，将所有的力集中在一个非常小的区域，最佳效果取决于力和速度的结合。然而，速度确实比力发挥的作用更大。当击打点向短棍中部移动时，力逐渐变大，但速度相对变小；当你用棍尖击打时，则速度变快，力相对变小。在这个连续变化的某个地方，力和速度将达到最优组合。虽然肾上腺素和瞬息万变的战斗环境会使精确度很难把握，但在训练中牢记这一点，会使你的身体动作更自然。

击打技巧

你是否和我一样，仅仅是读到最后一部分就让你产生打击的冲动？我一直相信，"学武术，练比读更有价值。"

只有采用正确的击打技巧，才能实现强有力的击打。只收缩那些能增加挥击力的肌肉，就能放松身心。如果你过于强调用力击打，很可能会使拮抗肌群变得紧张，而这非但不会增加击打的速度和力量，反而会使你动作变形，从而拖慢速度。你可能还会将过多的重量转移到手持的武器端，试图击打得更有力，但这只会让你失去平衡，进一步削弱击打效果。

为了最大限度地增大击打力，需要挺直脊柱，联合上半身和下半身来激活核心区域。然后，把胳膊和腿作为身体的延伸。由核心发起的动作并不是简单地绕着一个点移动，而是将身体作为一个协调的整体来移动。保持放松，以脊柱作为旋转轴，将身体的全部重量和动能都融入每一击中。

　　观看棒球击球手击出"全垒打"。他踏出挥击的一步，然后转动臀部，移动躯干，最后双臂挥动球棒。以重拳著称的重量级拳手在挥击后双手进行交叉拳时，先迈出前脚，然后转动臀部，移动上半身，最后用胸肌、三角肌和肱三头肌增大出拳的力度。如果你看过老派的冲绳空手道大师和大多数功夫流派击打，就会发现他们用同样的顺序发力：先是腿部，然后是躯干，最后是手臂。

　　尽管如此，重击的秘诀是正确使用髋部。如果你的髋关节离身体中心有 3 英寸（7.62 厘米），而棍尖离中心有 48 英寸（121.92 厘米），那么髋部的速度在到达棍尖时都会被放大 16 倍（48/3）！因此，提高髋部速度是目前加大击打力最有效的方法，而最大限度地提高髋部速度的关键在于一个微妙但非常重要的动作：髋部滞后。需要注意，从核心开始移动并不意味着你只能进行单一的能量传递。为了最大限度地提高速度，你需要先用髋部引导击打，然后让击打瞬间跟上。这种一举两得的动作加速度更大，并让你击打得更有冲击力，当你的挥击划过空气时，会听到"嗖"的一声。你还可以在击打前旋转手腕来提高击打速度。

髋胯发力

（这组照片显示了髋部在击打 1 和击打 2 中发力的重要作用。）

击打 1：从高位准备姿势开始，短棍置于右肩上

前脚的前脚掌下压，髋部从右向左急速扭转，持棍手臂顺势向下击打目标

完成击打后，翻转手臂

顺势准备下一次击打

击打 2：从高位封闭的准备位置开始，棍端置于左肩上

再次，髋部从左向右急速扭转启动击打

髋部扭转的力来自后脚，在挥击的同时将
身体从左向右转过来

挥击结束，手臂自然翻转，为下一次击打
做准备

　　请记住，转体是一把双刃剑。一方面，它能最大限度地增加击打时的动能来产生巨大的冲击力。另一方面，你必须始终注意不要过度扭转。过度扭转不仅会减弱下一击的冲击力，还会将薄弱处暴露给对手。为了避免这种情况，要尽量让前脚指向对手。请注意，在图 1c 中，攻击力使我的前脚瞬间转开。在图 1d 中，我已经恢复了身体平衡。任何时候过度扭转核心区域，不仅会远离对手的攻击方向，而且易陷入被包抄夹击的危险之中。

　　要知道，强力击打也会对身体造成伤害，特别是手臂和肩膀的肌肉、肌腱和韧带，就像职业棒球手投掷出大量的快球一样，你的身体不能经常那么用力。大量的高强度重复训练通常是一件好事，但要谨慎进行，以免对身体造成不必要的磨损。

　　为了增强击打力，你需要击打一些实物，最好是非常坚硬的东西。与对空练习相比，击打一个有阻力的目标更真实，便于练习动作的组合。用于击打训练的假人就如同拳击手的拳击袋，能提升专注力、确定目标定位、增强击打力和把握距离提供目标。

训练器材：轮胎假人

　　木桩假人是一种练习重击的训练装置，形状大致与人相似。最早的假人是地上的木桩。然而，反复击打任何坚固的木桩不仅会磨损短棍，而且也会损害身体健康。因此，你可以给木桩包上软垫之类的缓冲物。这样不仅能延长短棍的使用寿命，还能减少对身体关节的冲击，邻居也不会抱怨"噼啪"的噪声。

虽然你可以购买假人，但它们在户外时通常难以很好地保存，有时也容易在冲击中被撕裂。我建议你自己动手制作可供击打的假人。橡胶轮胎是可选的非常好的制造材料，它们经久耐用，不受天气影响，还具有一定的弹性。旧轮胎也很容易买到，有各种尺寸；只需向当地的修车厂或轮胎购买点咨询，通常只需很少的费用，甚至免费就能获得所需数量的轮胎。

制作轮胎假人

请记住，你可能不需要制作任何东西。你的训练设备不一定要花哨或复杂。事实上，有时最简单的解决方案就是最有效的。只需在轮胎上绕上一根粗绳，并寻找一个合适的悬挂地点，如树枝或车库的椽子（图1）。如果你想更花哨一点，可以在第一个轮胎下面再挂一个轮胎，用来练习低位攻击（图2）。这类轮胎假人不需要切割、钻孔或特殊工具，这样你可以把更多的时间花在训练上，而非制作上。只需把它们挂起来，就可以开始砰砰作响地练起来！

要制作更传统的重轮胎袋，可将几个轮胎堆叠在一起。用 1 英寸（2.54 厘米）长的桨状钻头在每个轮胎的侧壁上钻孔，然后用结实的绳子将它们绑在一起。在顶部将绳子系好，然后将轮胎袋挂在坚固的支架上（图3）。

一个固定的轮胎假人可以由一根 8 英尺（2.44 米）长的圆木或类似的长木桩制成。为了稳固起见，木柱的底面积应该至少是 4×4 英寸（10.16 厘米 ×10.16 厘米）（你可以把两个 2×4 英寸，即 5.08 厘米 ×10.16 厘米的木柱拧在一起）。挖一个大约 2 英尺（60.96 厘米）深的坑，在坑底铺上十几厘米厚的碎石以利排水。将柱子竖立起来，用速干混凝土固定到位。在轮胎上钻几个窄小的导向孔，然后用坚固的拉力螺栓将轮胎拧到柱子上，注意螺栓要深入木头内部。

独立式轮胎假人更受欢迎，因为它可以移动。用于户外的轮胎假人可以用混凝土填充的轮胎来固定柱子（图4）。在填充轮胎底座时，用胶带将塑料袋粘在底部内侧，以防止混凝土在浇筑时漏出。将木柱安放在混凝土中，并暂时支撑住，让它不要移动。木柱大约直立 15 分钟，并在 1 小时后固化。然后就可以使

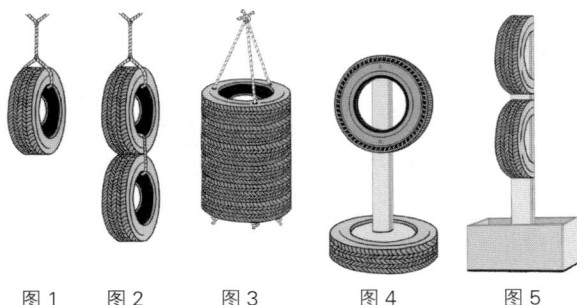

图1　　图2　　图3　　图4　　图5

用地脚螺栓将轮胎拧到木柱上了。

如果想让底座更美观，可以使用木箱，但要注意，木箱放在室外容易风化（图5）。如果想做得花哨些，可以将轮胎假人安装在带轮子的底座上。用 3/4 英寸（1.91 厘米）的胶合板切割一个 2×2 英尺（60.96 厘米×60.96 厘米）的底座，在四角拧上重型万向轮。从下面用拉力螺栓安装支撑柱，然后将上面每侧较短的地方用支撑物加固。装上轮胎，就可以使用了。

我还见过一个轮胎假人，它有一个弹簧手臂，可以握住短棍。虽然这不是必需的，但这种附加装置可以有效帮助你练习攻防。不过，我建议先从简单的开始，循序渐进。要把时间花在练习上，而非制作装备上（虽然这也很有趣）。轮胎假人相对便宜且易于制作，因此你可以随意尝试新的设计。这会让你备感新鲜和刺激。

关于如何制作自己的轮胎假人的说明，请参阅本书的附录。

使用轮胎假人训练

有了击打目标后，你的第一反应可能是看自己能打得有多狠、多快，但请记住，你是在训练肌肉能自然地完成每种动作。花点时间来评估一下自己平衡身体的能力。开始时，使用每种技术时动作要慢、要正确。每当你感觉击打笨拙或不准确时，就放慢速度，直到你能准确、流畅地击打为止。

你应该把重点放在力量训练上，但非大力击打更能提高准确性，要训练正确的身体力学和加强步法。这实际上能让你进步更快，从而不断加深对技术背后的肢体排列和身架结构的理解。

训练力量的关键是要加速击打目标，而不是简单地轻轻击打目标表面。用棍尖精确地击打，将击打力集中到尽可能小的区域，以最大限度地增大单位面积的击打压力。考虑击打目标的角度。为了向目标传递最大的动能，必须以直角击中目标。否则，动能就会向其他方向消散。

变换攻击方式，从各个角度、各个层次练习所有的技术。努力做到在不暴露意图的情况下进行"欺骗性"攻击。

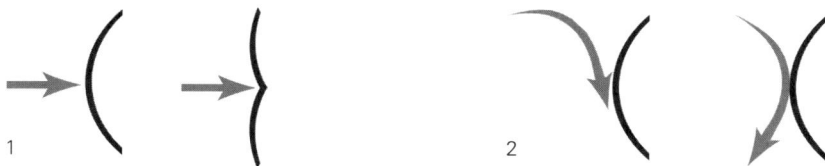

为了最大限度地传递动能，要以直角击打目标（1），否则击打会偏离目标（2）

悬挂式轮胎比站立式假人更有优势，因为它会动态移动并对你的击打作出反应。与静止的轮胎假人相比，悬挂的轮胎在受到击打时会作出更真实的反应。要想获得更大的摆动幅度，可以将轮胎挂在较长的绳子或链条上。你可以先让轮胎开始摆动，然后它会随着你的击打而摆动。轮胎有时会"逃脱掉"，这时你要在它达到摆动的顶点并向你冲过来之前进行追击！在没有搭档的情况下，和一个可移动的装置对抗是训练击打对手的最佳方法。

即使你的轮胎假人是静止的，你仍然可以通过改变攻击角度和击打范围，尝试从不同缺口（高、低、左、右）切入来改进你的步法和身法。总之，要努力在假人身上练习你所掌握的每一种技术。练习击打的准确性，并在击打中夹杂刺击和佯攻。尝试不同组合技法，从简单、直接的击打逐渐成为一系列更为高效的技法。多花时间训练，直到让这些组合动作成为条件反射，这将通过无数次重复获得的肌肉记忆而形成。

定期练习。轮胎假人应每天使用，以帮助提高身体素质和短棍格斗技术。在训练时，要穿上格斗时的必穿装备。如果你习惯在格斗时戴上头盔和手套，那么在练习击打假人时也要戴上。

你也可以用一根长棍将武器绑在你的轮胎假人上。或者你可以用桨状钻头在轮胎壁上钻一个孔，然后用长棍穿过这个孔（孔的直径要比长棍小 1/4 英寸，即 6.35 毫米）。为你的轮胎假人附上武器，可以帮助你练习格挡及其他躲避武器攻击的技术。

不断改进技术和设备可以避免让你感到单调乏味和难以坚持，即使是最专业的运动员也会受到类似的负面情绪影响。

第 1 级训练指南

目标：增强力量，掌握正确的身体力学、击打目标、击打范围和击打步法，以及挥击时的击打力，用时 60~90 分钟。

1. 热身：15~20 分钟。先做几组轻度的拉伸运动。参见上一章关于拉伸动作的介绍。随后跳绳 5~10 分钟。跳完后你可能感觉有点累了，但先不要停下来！再做几组拉伸运动，让心率恢复正常，然后拿起短棍，练习基本的步法（前进、后退、侧身和绕圈）。在练习"8"字形（水平、垂直和对角线）时，加入步法，由慢到快。在旋转中用不同方式击打。旋转，击打！旋转，击打！

2. 目标、距离和范围：15~20 分钟。瞄准目标（沙袋或轮胎假人）练习 9 种基本击打技法。击打要猛烈而快速，但不要完全击中。相反，要在快击中时停下来，最好距离 1~3 英寸（2.54~7.62 厘米）远。开始时先单独练习一种技术，然后练习两种技术组合，再练习 3~5 种技术组合。一旦你能控制好短棍，就可以和同伴一起练习，要注意避免击伤对方。可击打前置的手、脚踝、颈部（肩部到耳朵顶部）、肘部和膝盖，刺击面部、咽喉、胸部、腹股沟、大腿和脚。

3. 训练击打力：10~20 分钟。对着沉重的沙袋或轮胎假人练习 9 种基本击打技法，注意使用一根结实的短棍。先单独击打，然后增加到两种打法组合，逐渐增加到 3~5 种技法组合。注意步法，由远及近，逐步缩小差距，以佯攻和组合动作进入圈内，然后以新的角度退到圈外。

4. 不同组合练习：15~20 分钟。9 种基本击打技法可以分别与 3 种击打类型（快速击打、全力击打和双重击打）组合，即形成 27 种击打方式。每种击打方式又可分别对准高位、中位和低位，即达到 81 种，再加上 11 种步法，共计 891 种击打方式。而你还有两只手，如果你可用双手练习，就会有 1782 种击打方式。

要有创造性。常规训练很重要，但你也可以尝试挑战自己。当你对基本击打能得心应手时，可以尝试在不同条件下练习：如在狭窄空间、在雨中、在楼梯等不平坦的地面上，坐着或躺在地板上。用你在周围环境中能找到的简易武器，如雨伞、网球拍等代替短棍。

5. 降温：5~10 分钟。花几分钟时间让身体从战斗状态进入休息状态。可通过静态拉伸来增加身体灵活性，并分解肌肉中的乳酸。

训练记录：当你完成训练后，记得在训练日志中记录，包括训练时长及训练概况。为自己设定一个目标，如在进入第 2 级之前先完成 10 次以上训练。有热情，能坚持，言行一致，努力训练。通过练习，你将不断提高技能，加深理解。

9 种基本击打技法 × 3 种击打类型 × 3 种高度 × 11 种步法 × 2 只手 = 1782 种组合

9 种基本击打技法
(1) 从右上到左下
(2) 从左上到右下
(3) 水平从右向左
(4) 水平从左向右
(5) 沿对角线从右到下到左上
(6) 沿对角线从左到下到右上
(7) 垂直向下
(8) 垂直向上
(9) 中心刺

3 种击打类型
(1) 快速击打
(2) 全力击打
(3) 双重击打

3 种高度
(1) 低位
(2) 中位
(3) 高位

11 种步法
(1) 立定不动
(2) 向前滑步
(3) 向后滑步
(4) 向左滑步
(5) 向右滑步
(6) 向左绕进
(7) 向右绕进
(8) 向左绕出
(9) 向右绕出
(10) 向前跨步
(11) 向后跨步

2 只手
(1) 右
(2) 左

= 1782 种组合
不同击打组合

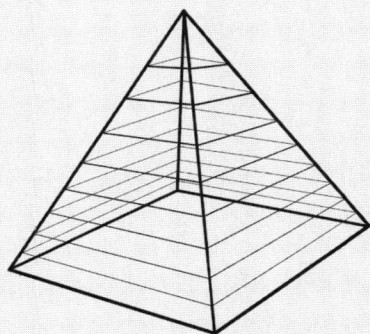

第 2 级　远距离攻防

Level 2: Long Range

外围战略

通常，远距离战略也称"外围战略"，是指远离对手的有效击打范围，同时瞄准其身体外侧击打的策略。短棍的基本击打策略是在对手攻击前出手，即"先发制人"。不过，如果和对手体形相似，攻击范围也相似（前提是两者的武器长度基本一致），那就能同时击中对方。如果两者技术水平相近，胜出概率则为50%，而这在擂台对战或是街头搏斗中，都不算高。

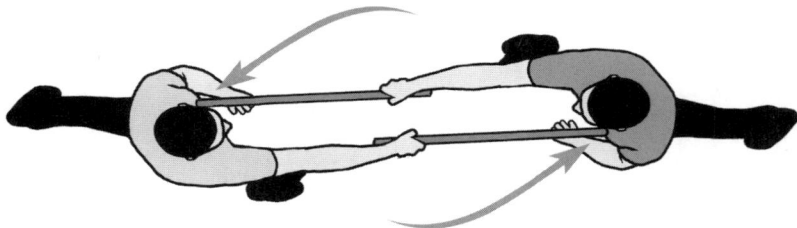

若都瞄准对方头部，则双方都不占优势

然而，在外围进行击打时，稍微调整策略就能在提高击中率的同时避免被对手击中。假如对手准备攻击你的头或身体，你就可以攻击他身体最外侧，来扩大自己的攻击范围。距离你最近的通常是他的前手，然后是前腿膝盖。当你攻击它们（首攻部位）时，对手就会被迫改变姿势，从而暴露出肘部、身体和头部等次要目标。

策略有两种变体：防守时，你先等对手进攻，然后趁机移动到他攻击范围之外并反击，通常以他的持械手为击打目标；进攻时，你可以先发制人，控制战斗局面。如果这两种策略运用得当，就能让你在远距离格斗中占尽先机。

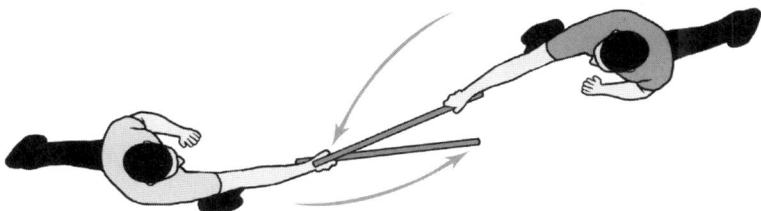

当对手瞄准你的头部时，你就击打他的前手

你可能听说过，国际象棋大师会提前规划好几步棋，以便引对手入局，再使出绝招。这在短棍格斗中也一样可行。想要提前想好三招或四招，你该如何开始呢？首先，要控制好双方距离，以此控制战斗局面。其次，要采用一系列合理、有效的组合技术，来预测对手可能采取的应对策略，并预知后续该如何跟招。

事先制定好有效的战略战术，就能在迎战对手时有更充分的准备，因为你就像国际象棋大师一样，有自己的作战计划。你不再是胡乱地向对手出招，而是像一名战术家，采用系统合理的计划来控制局面，从而战胜对手。

控制距离

远距离战术有时也称"距离防守"，指的是在对手的攻击范围之外击打。控制好距离，才能控制战斗局面。前后移动显然是最主要的方法：对手前进，你后退；对手后退，你前进。但要记住，向后直线移动虽然有效，但可能会很危险，因为对手的前冲速度比你的后退速度要快。另外从战略上来说，左右绕步比前后直线移动对你更有利。这是因为侧身让位时，你不仅能控制距离，还能控制格斗线。

格斗线是一条假想的线，将格斗双方的中心连接起来。你要对准格斗线，让对手位于你的正前方而非旁侧，这样击打才最有力。因为这样才能最正确有效地利用身体力学产生最大的力。因此，你的武器要瞄准对手中心。

如果你希望对手位于你的正前方，让你发起最有力的击打，那么不难推测对手也同样如此。虽然控制距离最常用的方法是前后直线移动，但你最好尽可能地避开对手的格斗线，以减少他的有效击打次数。同时，切记要瞄准对手，以发起最有力的击打。绕步法能有效实现这一目标。

绕步法是控制距离的一种精妙方法，具体策略是避开对手的格斗线，离开其

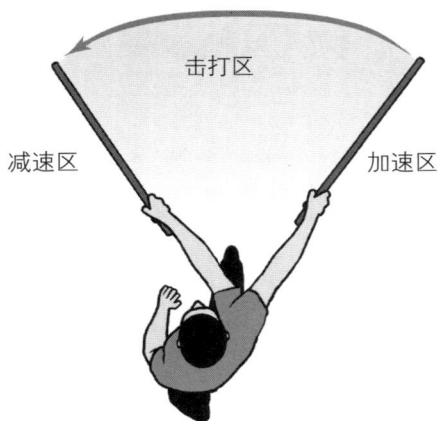

击打区，进入加速区或减速区。加速区指的是击打动作的初始阶段。进入加速区可能对你有利，因为击打的速度和动能在这一阶段仍在累积，尚未达到峰值。避开攻击，越过预定接触点，就会进入减速区。在击打过程的这一阶段，武器不再加速，而是速度减缓、力量减弱。你在绕步进入这两个区域时，要转动身体，控制住格斗线，让对手始终处于你击打区域的中心。

训练器材：闪避棒

闪避棒是一种重要的训练器材，可以帮助你在高速运动中安全地练习躲闪技巧。你只需找一个手柄（比如一根旧木棍），将游泳浮力棒套在上面，然后用胶水或胶带固定，一个闪避棒就做好了。手柄没有软垫，所以要短，以防不小心打到人。闪避棒的原理是击打部分材质柔软，即使快速挥动、用力击打也不会造成很大伤害，从而帮你克服对于疼痛与伤害的天然恐惧，集中全部精力学习闪避技巧。

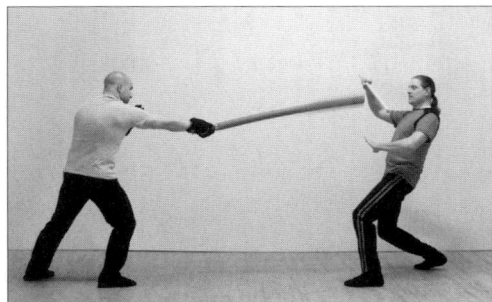

训练开始时，让你的搭档非常缓慢地挥动闪避棒，而你要集中注意力避免被击中。如果无法避开，就用你的短棍来格挡，避免让它接触到你，但注意不要互相击打。可以让搭档根据你的进步频率提高击打速度，让训练始终具有挑战性。

你的搭档应该以多快的速度挥动闪避棒？研究表明，80%的成功率最有利于学习。如果你的成功率一直低于80%，你就会开始气馁，学习速度

闪避对手的击打，同时也要保持警惕，
随时准备格挡

也会减慢。但如果成功率超过 80%，你就学不到太多东西，因为你没有受到足够的挑战。因此，你的搭档应该调整速度，尽量让你被击中的概率达到 20%。当然，概率有时会上下浮动，但 20% 的平均失败率是比较合适的，最有利于你快速进步。

远距离防御

下面按照逻辑顺序介绍几种远距离防御策略，以便你记忆和使用。不过，你应该根据具体情况来调整并应用这些战术。

提到防御，人们首先想到的通常是格挡。这当然是一种有效的防御手段，但仅仅挡住对方的击打还不够，如果不立即采取措施，打破对手的攻势，他很可能会继续攻击你，直到将你打败为止。因此，必须从战略角度看待格挡，格挡后迅速有效反击。

当对手持械时，应尽早解除他的武装。与击打头部或身体相比，击打手部所需的力量通常较小，给对手造成的伤害也有限，但你仍有机会借此结束对抗。

直接击打对手持械手的动作，通常被称为"蛇口拔牙"。这一动作难度很大，因为手的移动速度快、目标小。与其特意击打其持械手，不如等到他专注于进攻时再伺机出手，这样击中率会大大提高。因为你不仅能预测其持械手的运动轨迹，还能让他专注于进攻，因此很难避开你的反击。此外，你正面击打对手持械手所产生的碰撞力，将远远大于击打静止的手所产生的力量。

要想对持械手造成连击，你需要具备读懂对手的能力。看到他即将发起进攻，你要迅速用短棍格挡，同时脑海中勾画出其持械手和武器的运动轨迹。当然，这些技能需要不断练习才能掌握。

开门让位

这一策略适合用来对抗较为好斗的对手。与对手保持足够距离，让自己处于他的"死亡圈"外，但不要主动发起进攻。你的被动姿态会刺激对手率先出击。当对手进入你的"死亡圈"时，与其保持距离，躲避攻击，同时伺机击打其持械手。此外，不要仅仅满足于一次反击，而是要快速、连续击打他持械手的手臂或手腕。如前所述，闪避时应避免直线后退，而应该向外绕步，避开对手的攻击。

开门让位：当你和对手都站在对方击打范围之外

对手在你的"死亡圈"之外，你难以击中他，但他一旦进入你的"死亡圈"，你就可以使用远距离击打技术

你的主要目标通常是对手的前手

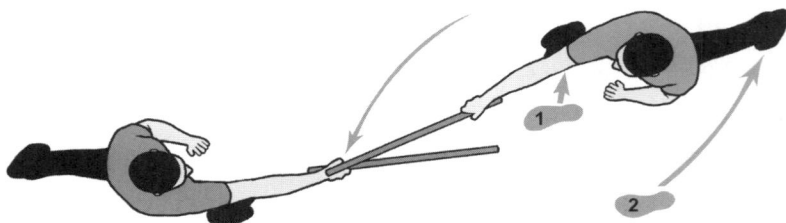

开门让位的俯视视角

该策略成功率非常高，因为当人使用短棍等短兵器时，会有这样的动作习惯：人们会本能地用惯用手握持武器（90% 的人都是用右手），将武器向回收，做好正手击打的准备，然后向下呈对角线击打（击打 1）。因此，缺乏训练或过于好斗的格斗者经常会本能地忽略远距离目标，而首先攻击次要目标，尤其是头部。你可以对这一直觉性的错误选择加以利用。

诱敌深入

一个谨慎的对手不会轻易进入你的"死亡圈"并试图进攻，因此你需要采取策略，诱使他冒险出击。在西方拳击中，有一种常见的策略叫作"诱敌深入"，意思是故意露出破绽，引诱对手攻击自己。此法虽然看起来有违常理，但的确可以为你创造反击的机会。因为当你已经预测到了对手将如何进攻，也就必然做好了闪避或防御的准备。

你可以巧妙地将对手引入陷阱，从而掌控战斗局面。首先，你需要在放出诱饵的瞬间就做好收回的准备。然后，你需要故意露出一些破绽，吸引对手发起进攻。一旦他出击，你就收回诱饵并攻击其弱点。

例如，从右上到左下的斜向击打最为常见，你就可以利用这一点，稍稍暴露头部来吸引对手发起右侧高位击打，还可以逐渐放松防御来引诱对手出击。如果他还是不上钩，你可以试着稍稍伸出非持械手，或将头微微前倾。但注意动作不要过于明显，因为如果你想成功引诱对手上钩，就必须让他相信你的伪装。你要让自己看起来像是漫不经心地放松了警惕，但这其实只是你的伪装。

但别忘了，在你试图引诱对方进攻的同时，你也把自己置于了危险的境地。一旦对手上钩，就可能会瞬间发起快速而猛烈的进攻。因此，在设置陷阱之前，你需要做好随时反应的准备，在对手出击的瞬间进行格挡或闪避。

> "利而诱之，乱而取之，……卑而骄之，……"
>
> ——《孙子兵法》

后卫防守

即使是经验丰富的棍术家，也会被"后卫"伎俩所迷惑，尤其是在激烈的对抗中，对手突然出其不意地使出"后卫"绝招。所谓的"后卫"，是一种诱敌深入的技巧，能考验格斗者引诱和牵制对手能力的极限，也是 19 世纪法国棍术大师皮埃尔·维尼（Pierre Vigny）的标志性防御姿势。1912 年首次发表于《奥林匹克评论》的《手杖的艺术》（*L'art de la canne*）一文中就有相关描述："维尼防卫姿势本质上是一种战斗性防御位。使用时左臂前伸，如同拿着盾牌；右臂后举，将手杖举过头顶，身体始终保持灵活。"

当对手进攻时，迅速变换姿势，左脚后撤的同时，用手杖猛烈击打对手持械手或手臂。运用这一方法，你可以精确地触及对手并对其造成伤害。

20 世纪早期的手杖格斗家在展示维尼防卫姿势

通常，短棍格斗者会用前手持棍，因为非持棍手在前会限制攻击范围，持棍手在后则会暴露出更多弱点，容易受到对手攻击。不过，这也正是后卫防守能诱使对手主动出击的主要原因。

后卫防守

站在对手击打范围之外，向后举起短棍

保持这一姿势，直到对手决定发起进攻

对手试图攻击你暴露出来的左翼

前脚后撤一大步，以避开对手原本的击打范围，并击打对手伸出的手臂。此外，撤步还能让你回到常规防卫姿势

实际应用时，你不一定要将短棍举得很高，而是可以采取低位的后卫防守姿势（拖棍防卫）。当对手进攻时，后撤一步，向上击打来迎击对手。请注意，所有的伪装型防御策略都不要使用得过于频繁，否则会被对手识破。

拖棍防卫

（后卫防守的一个变体）

身体左侧向前倾，将短棍拖在身后

当对手上钩并上步击打时，后撤一步以保持距离

使用击打 5，击打他的持械手

你的目标是解除对手的武装，"蛇口拔牙"

远距离进攻

　　战略和战术都很重要，但二者间存在差异。战略是指总体行动计划，比如远距离进攻战略就非常简单：在与对手保持距离的同时，从最远的距离击打能碰到的最近的目标。然而，纸上谈兵和真操实练是两码事，远距离战术就是实现战略目标所需的具体技法。

　　按照以下顺序练习这些远距离进攻战术，不仅有助于记忆，还有助于你理解背后的逻辑关系。这些组合技术从简单的单次挥棍开始，难度逐渐增加。每种组合技术自身都有其攻击性，但若将它们结合起来，你就拥有了一个总体的远距离进攻战略。它由一系列由简到难的战术动作组成，快速连续地使用这些战术可以让你始终领先对手一步。

但请记住，这只是一个大概的进攻计划，对手的行动并不总在你的预料之中。因此要灵活应变，根据具体情况随时调整战术。一旦你将这些技法吸收内化，你就不必再遵照任何特定顺序，而是可以根据实际需要，任意变换角度和目标。请记住，有效的远距离组合技术包括高效的步法和合理的目标次序安排。在与对手保持距离的同时，击打你能够到的最近的目标。

在自卫的情形下，仅仅击打对手的持械手可能不足以结束对抗。即使你成功解除其武器，也要做好继续战斗的准备，直到你找到逃脱机会或是对手不再对你构成威胁为止。

瞄准边缘区域

短棍是一种冲击性武器，击打目标是那些易受钝器伤害的部位，而非像利器那样用于割伤血管或戳刺内脏。

短棍击打大体上可分为干扰型击打和伤害型击打。干扰型击打本身不会削弱对手能力，例如击打对手手部或膝盖。干扰型击打帮你寻找空隙和机会，使对手丧失战斗力。虽然干扰对手对你的整体策略来说很重要，但仅凭这个还不足以阻

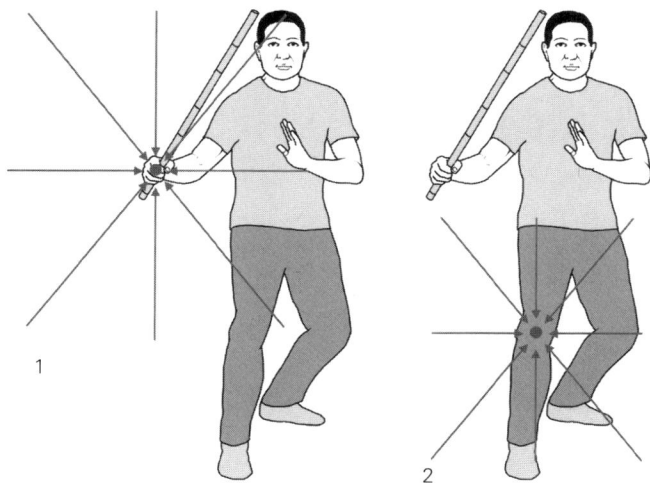

瞄准对手前侧的手和膝盖，多角度击打

远距离击打的主要目标通常是对手的持械手

挡一个意志坚定的攻击者。因此，你要集中注意力，利用这个方法来进行有效的伤害型击打，比如在中等距离时重击对手面部或颈侧，这样的重创足以让对手失去战斗能力。

击打还可以分为结构性击打和神经性击打。结构性击打通常针对肌肉、骨骼和关节，尤其是膝、髋、肩、肘、手，这些部位最易受到攻击。而神经性击打则会造成疼痛、肌肉无力甚至失去意识。从单次或多次击打大腿外侧坐骨神经而导致的"死腿"，到击打颈部凹陷处脆弱的颈动脉所导致的昏迷，都是由于血管迷走神经受到了刺激。当发生血管迷走神经性晕厥时，身体会对某些触发因素作出过度反应，导致心率和血压突然下降，从而引发头晕，严重时会使人失去意识。

还有一些击打，既属于结构性的，也属于神经性的，例如针对眼睛、鼻子、喉咙、太阳穴和腹股沟等人体中线上极为敏感的部位的猛击。

从远距离逼近时，应集中击打距你最近的目标，通常是手和膝盖。不过，击打这些部位只能分散对手注意力，可能不会对其造成足够的结构性伤害，因此不足以阻止他。所以，一定要立即利用干扰型击打创造的任何机会继续逼近，给对手致命一击。

单次击打

永远不要低估一次精准击打的威力。一击可能就足以解除对手的武装，甚至在他还没来得及向你挥棍之前就结束战斗。然而，想要打掉其持械手中的武器，你得在出手时机、准确性和速度上都达到要求。这一技术简单直接，你只需等待合适的机会，然后找准位置，突然向他的手发起一次有力的击打就够了。快速击打、全力击打，甚至双重击打都可以。

要想成功实施单次击打，关键是不要暴露你的意图。要用余光确定目标，而不要直视它。注意避免出击前的任何准备动作，无论你的短棍当时处在什么位置，都要挥棍猛击。由于两点之间直线最短，因此要向目标划浅弧线，以尽量缩短击打时间。

单次击打

对方的手刚好在你击打范围的边缘

突然向前迈步，用棍尖击打其手背

你要以打破对方手部和手指为目的，发出精准而有力的一击。练习这一动作时，双方都需要戴上手部护具。一击结束后，一定要继续进攻，迅速解决对手。比如在一次干扰型击打后迅速跟上一记伤害型击打。如果你遭到对手格挡，或无意中因某种原因犹豫了一下，没有立即反击，你应该迅速回到防守姿势，准备再次发动攻击。这一原则适用于所有远距离击打组合技术。

连续击打

单次击打要求你只能一次击中目标，而连续击打则有两次或多次击打的机会，大大增加了命中率。

短棍的停止和挥动都需要力量和时间，因此为了节省速度和动能，不要停顿，而是迅速变换方向，再次全力击打。需要区分的是，双连击是回到同一位置、以同一角度回环击打，而连续击打的第二击可以从任何角度回切。

　　第一次和第二次击打都应该是同一次挥棍动作的一部分。如果稍有停顿，实际上就是两次单独的击打，对手很容易趁两拍间的空隙反击。因此，你需要在半拍时迅速调整，快速出击。

连续击打

站在攻击范围的边缘，你看到对手的前手正暴露在外

在远距离时用棍尖攻击对手前手的战术相对比较基础，因此对手如果只是将手向后撤一些就避开了你的击打范围，从而躲开了你的击打，也不要过于惊讶

一旦你意识到对手正在后撤以躲避击打，你就迅速转向，从相反的角度再次出击

这次你要把手伸得更远，瞄准比你的棍尖再往前的地方。这样即使对手再次后退，仍有可能被棍尖击中

巧用快速击打

　　全力击打具有强大的威力，但从目标位置到下一个准备姿势的运动轨迹是一条长弧线，会给对手 1 到 2 秒的反应时间，因此容易被闪避。此外，全力击打容易让你暴露在对手的快速反击之下，尤其是当你没有击中预定目标时。然而，快

速击打能让你迅速回到身体同侧并蓄力，随时准备再次出击。尽管快速击打不像全力击打那样有力，但速度却更快，因此在快速击打后紧接着用全力击打，命中率应该比连续两次全力击打更高。

巧用快速击打

在远距离时，对手伸出的前手是一个合适的击打目标

你向前冲，进行了一次快速击打，但对手将手收回，避开了你的击打

立即收回短棍，呈蓄力姿势

向对手手部发起第二次更用力的击打

双连击

　　速度最快的二次击打是双连击，也就是立即回环，更用力地再次击打目标。这个动作实质上是让你一次挥棍就有两次击中目标的机会。这种攻击尤其难防，因为第二击是在半拍时发出的。从第一击到第二击要画一个弧线，以手腕为支点转动短棍，同时扭动臀部来帮助短棍转动，尽可能多地为第二击保存力量和动能。

手 – 手双连击

在远距离站位，对手将手前伸

你出棍击打，对手将持械手收回，闪避了你的击打

运用双连击技法，不收回手臂，再次击打目标

第二击须瞄准对手手部的其他部位，且比第一击更加用力

头 – 手双连击

从远距离站位开始，向下击打对手头部

由于双方一直保持远距离，你的出击动作应该能被对手发现；事实上这正是你所希望的

对手做出格挡动作时，稍稍收回短棍，避开其格挡且不要与其接触

转动手腕

手腕动作回环，再次用力击打

第二次击打以对手持械手为目标

　　如果对手未按你的设想进行高位格挡，反而后仰，让头部避开你的击打范围时，只需加大力道，回环击打其头部即可。但要注意，你在攻击对手头部时已经进入了中距离范围，此时应转而采取中距离战略战术，或迅速后退至远距离范围。在近战后重新确认距离时，你后撤的角度应与进入战斗时的不同，才能尽量避免对手跟进反击。用短促而突然的快速击打来掩护撤退也能达到同样效果。

　　如果对手后仰，让头部避开你第三次击打的范围，就回环向其头部进行更猛烈的击打。在对手后仰闪避击打时，应该继续施压，不断通过快速击打来掌控战斗线。

　　通过击打对手的头部，再次接近了中距离范围，而这一距离也有自己的一套策略。如果想暂时避开中距离，继续采用远距离战略，就应迅速回到距离最远的防御位，准备再次出击。

手 – 手 – 头三连击

这一组合技术包含了套路误导的内容

在上一个组合技术的基础上，从远距离站位开始这套技法

击打对手的持械手，对手撤退

回环双连击对手持械手

这一击也被对手闪避，但他现在很可能将手缩回得太远，暴露了头部

继续发起第三次击打

短棍在空中画弧线，击打对手头部

训练器材：棍靶

棍靶是训练棍击精准度的重要工具，类似于拳击手用来训练出拳精准度的手靶。然而持械训练对持靶者来说十分危险，因为他距离武器很近。为了安全起见，可以用棍靶来延长持靶者与武器的距离。但棍靶不是用于训练击打力度的，而是为训练者提供易于移动的目标，有助于培养距离感和训练精准度。

棍靶的制作从挑选手柄开始，可以将破旧或废弃的棍子进行废物利用。最好选择两英尺（60.96 厘米）左右的长棍，以避免让你的搭档轻易地打到你的手，尤其是在他训练的初期。在棍子的前半部分包裹一些软垫。旧地毯也可以，只是会比较重。也可以用泡沫橡胶，尤其是绝缘隔热泡沫管，质轻、方便且耐用。无论用何材料包裹，棍子末端都要裹得厚实一些，这样击打起来才不会太硬。用强力胶带或运动胶带多缠几层，加强棍靶的耐用性。最后，还应给棍靶系上一条腕带，防止它意外脱手飞出。

各种各样的棍靶

让你的搭档拿着棍靶，而你使用各种基本技法来击打它。请格外注意，不要打到搭档的手。不过为了以防万一，还是应该让他戴上手部护具。一开始要慢慢来，直到你能轻松击中目标时，再逐渐加快速度。如果你发现自己的准确度开始下降，就先慢下来，直到你总是能击中棍靶的时候再加快速度。可以逐渐进阶到自由击靶练习，让你的搭档随意移动一根或是两根棍靶让你击打，并且在变换棍靶方向时配合后退、前进和绕步等步法。

尽量逐渐缩小每次击打所需的蓄力范围。如果你打算用棍尖来击打，将棍尖置于身后来蓄力只会适得其反。可能这是你习惯性的动作，能够帮助你学会控制力量和正确发力，但这实际上也增加了击打所需的时间，还会向对手暴露意图。你真正该学习的是能从任何位置直接将短棍击向目标。注意你的姿势，但不要用力过猛。请记住，使用棍靶不是为了训练击打力量，而是提升击打的流畅度和准确度。

从各个角度和高度击打目标，并尽量使用棍尖

你可以创造性地选择各种材料来制作棍靶。我曾使用过各种各样的简易棍靶，用起来都很不错。事实上，在"各种各样的棍靶"一图中，左边的黑色棍靶就是用胶带把一个空塑料水瓶缠在棍子上做成的。限制你的只有想象力和你手头的资源。关于如何制作专属于你自己的棍靶，本书末尾附录有蓝图和更详细的说明。

佯攻

佯攻，也称"假动作"，是一种制造空当以击中对手的绝佳方法。首先，你要发起一次击打，这看似是在实施击打技法，实际上却是一个假动作，目的是引诱对手进行格挡。趁对手正对这一击打作出反应、试图防御时，改变你的击打方向，从一个新的角度进行击打，这时对手很难迅速改变原本的行动计划。如果时机掌握得当，你无须等一到二拍再出击，而是在半拍时就发出第二击，让对手应接不暇。

基本击打技法可以配对使用，从相反的角度进行佯攻。例如，击打 1 和击打 2 可以完美组合成佯攻组合技术。几乎任何一对方向不同的击打都可以采用这一战术。你会惊奇地发现有些组合技术比其他的技术更适合你。

佯攻时，不要与对手的短棍接触，而要保持进攻势头，直到他出手持棍防御。关键在于不要撤回或暂停你佯攻的势头，而要在挥击的过程中从击打 2 变换为击打 1，因为前者只会将你的最后一击分成两个动作。可以对着镜子或录制视频来观察自己的动作，不断纠正和磨炼你的技术，直到你能将佯攻和真实击打完美结合。

佯攻

身体前倾，从左上到右下做击打 2 。重点是要让对手将你的攻击视为真正的威胁，并用短棍防守他的右上方区域

然而当动作进行到一半，对手正想着自己能挡住你的击打时，你的短棍绕过他的防御，并突然改变击打角度，从右上到左下做击打 1，击打其头部

记住，如果对手没有防御你的第一击，你就应该将佯攻转变为真正的一击！

六步棍花

"六步棍花"是一种简单的转棍技法，由三个双连击动作组合而成，有助于提高双连击的流畅度和速度。还可以不加任何修改，直接将其作为一个有效的进攻组合技术来使用。

以脚掌为支点，臀部用力，反复练习，直到击打动作衔接流畅。还可以用棍靶辅助练习，来提高击打的准确度。但注意不要过于用力，因为棍靶不是用来训练力量的，而是用来训练对距离的敏感度、击打的准确度和对棍尖的把控度。

要进行力量训练，你可以击打另一根短棍，而非带软垫的棍靶。让搭档在你面前水平握棍，手尽量伸远。你始终瞄准搭档的棍尖，想象他正抓着棍子的这一端。这种方法不仅可以训练击打的准确度，还能让击打尽量远离他手的实际位置。但即便如此，他最好还是戴上手部护具。

如果你是拿着棍靶的一方，不要只是站在那里，而是要参与到训练中。从体能上来说，握持棍靶可以锻炼握力和臂力。你可以在累时换手。从精神上来说，这也是一个锻炼观察力的好机会。密切关注你搭档的肩膀和身体在击打时的动作，这在你将来学习如何读懂对手时，会很有帮助。

六步棍花

从击打 1 开始，从右上向左下，朝对方的身体中心挥棍

击打到一半时，手臂停下，手腕转动，从同一角度发起第二次击打

反手回环做击打 2，从左上向右下挥棍

转动手腕，垂直向下击打

棍尖朝下，停在腿部外侧，然后做一个与刚才相反的动作，垂直向上击打

转动手腕，进行第二次垂直向上击打，回到初始位置，以便重复这一组合技术

训练器材：击打点

击打点是单人练习的绝佳工具，可以训练用棍时的专注力和精准度。它构造简单，成本低廉，被击中时发出的弹簧回声也十分悦耳。

你需要一个法兰，即一种圆形金属片，带有四个螺孔，可以将钢管垂直固定在平面上。然后找一个外径合适的弹簧，拧在法兰适配器或耦合器的螺纹上，与法兰相连接。最后，在网球上切一个小口，越小越好，并将它安装在弹簧末端。

这些材料总共花费不到 20 美元。如果能找到合适的配件，制作起来就很容易。与介绍的其他训练器材一样，本书附录中都提供了可参考的制作图纸。

远距离格斗策略

让我们来看看，如何将前文提到的远距离攻防战略和战术组合成一个有效的整体进攻策略。你能采用的组合多到难以置信，但要想一一探讨，恐怕需要好几本书。李小龙提出了所谓"选择反应时间"的概念。他认为，可供选择的方案越多，做决定所需的时间就越长。如果只有少数几个选项，就能更快地在脑海中选出行动方案，从而加快整体反应速度。

幸运的是，你已经掌握了入门所需的所有基本技法，余下要做的就是将所学知识应用于战术流程图，形成一个随取随用的远距离格斗计划。

体育运动与实战自卫时的格斗心理不同。在实战中，你需要尽快安全地制服对手，因此与对手保持远距离可能是最佳选择，但也不绝对。

体育比赛通常是缓慢开始并稳步渐进的，因此从外围战斗开始也很合理，只要适合就好。毕竟，如果东西没坏，就无须修理，不是吗？从战略上讲，最好先从防御开始，然后再进攻。如果一开始就进攻，一方面会失去在战斗初期摸清对手底细的重要机会；另一方面，当你决定改用防御战术时突然后撤，为对手设下陷阱时，易引对手起疑心，再想引他上钩就难了。

应该首先进行防御，引对手出击，然后绕出其击打范围并予以反击。引对手发起第一击，让他的手暴露在你的击打下。当他对你的防御有所警惕或停止进攻时，再转守为攻，此时的进攻效果会更好。

防御战术还能有效影响对手心理。此时，对手的最佳进攻遭到反击，士气开始低落，或至少侵略性大大降低了。无论哪种状态都有助于瓦解他的势头。当他犹豫不决、不知所措时，就应采用更具侵略性的战术。他专注于防御你发起的一连串愈加复杂的组合技术，就很难发起有效的进攻，而你则掌控了战斗局面。

有两种格斗计划可供选择：一种就是刚刚讨论过的可依次展开的线性计划；另一种是更为复杂的流程图计划，它将同样的战术组合成为几种可能的行动方案，并说明何时该使用哪种方案。线性计划很简单，便于记忆和实施，但不像复杂的流程图计划那样适用性强，也无法解读对手的攻击、防御或中立等行为，也无法据此制订不同的应对策略。两种计划各有优点，学习它们能更深入地了解远距离的格斗方法，并最终形成基于个人的成功经验之上的新的格斗方案。

预先制定战略方案有助于你更好地应敌，如同胸有成竹的国际象棋大师一般。击打动作不再是随意的，而是一个有系统性和逻辑性的计划，符合一定的制敌、御敌战术。当然，如果你有一点格斗经验，就一定知道格斗从来不会如预想般顺利。然而，有计划总比没有强。这门艺术的精髓在于读懂对手，从而在恰当的时机使用恰当的战略和战术。

> 疏谋少略，其事必败。
> ——本杰明·富兰克林（Benjamin Franklin）
> 任何作战计划在遭遇敌人后都会失效。
> ——赫尔穆特·冯·毛奇（Helmuth von Moltke），
> 普鲁士陆军参谋长

远距离格斗计划

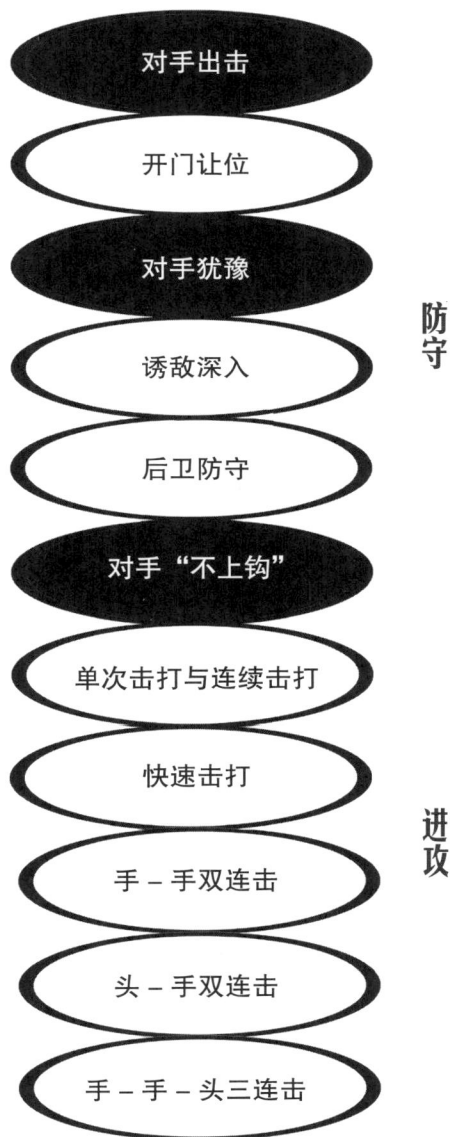

对手出击

开门让位

对手犹豫

诱敌深入

后卫防守

防守

对手"不上钩"

单次击打与连续击打

快速击打

进攻

手－手双连击

头－手双连击

手－手－头三连击

远距离格斗计划

总体战略：远离对手的有效击打范
围，同时瞄准并击打其身体外侧

读懂对手！看其行动

出击	中立	防御
拉近双方距离	优柔寡断，易冲动和轻信他人	避开其击打，保持双方距离

后撤，保持双方距离	诱敌深入	前进与进攻

防守

进攻

1. 后撤 2. 绕步 （a）向右 （b）向左	1. 前侧手 2. 前侧腿 3. 非持械手 4. 头部 5. 后卫	1. 全力击打 2. 快速击打 3. 双连击 （a）手－手 （b）手－头 （c）头－手

瞄准边缘部位
击打对方前侧手或腿

击中

抽身

若需要，
可重复

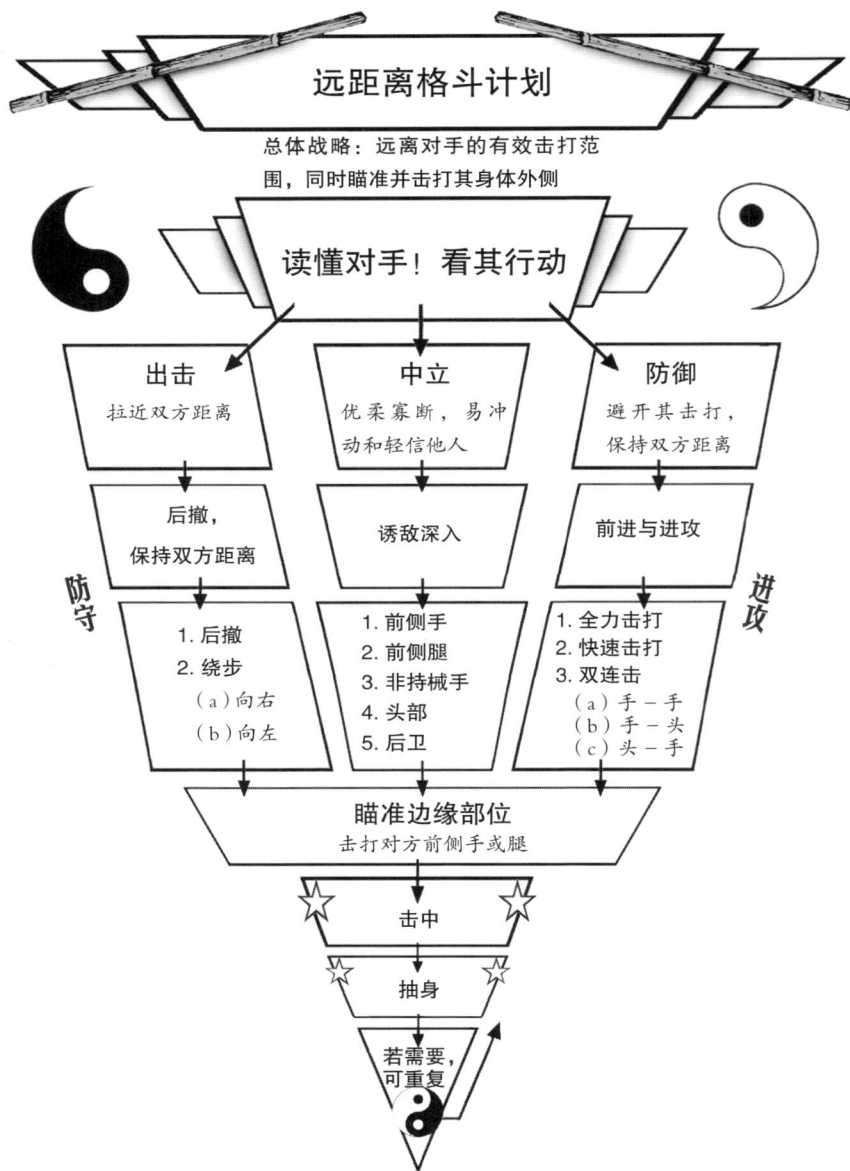

以简单流程图形式呈现的远距离格斗计划

第 2 级训练指南

目标：掌握远距离格斗计划所需的技能，用时 60~90 分钟。

1. **热身**：15~20 分钟。先做几组强度低的拉伸运动，具体动作示范可参见前文提到的指南。与其跳绳，不如请搭档用闪避棒来陪你练习。注意运用步法来避开击打，当他前进时，要避免直接向后撤步，而要两侧绕步。可以心中设想一个"假想敌"并向其挥棍，以此来激活手臂和上半身，记得同步练习远距离步法，挥棍时不要离搭档太近。与其保持安全距离，尽可能地躲出他的击打范围，无法躲开时可以快速闪避或用短棍稍稍格挡，以免被击中。当你感到累了，可以通过几组低强度的拉伸来休息，让心率恢复正常。

2. **精准度和距离感**：15~20 分钟。用两根游泳浮力棒进行限制性的对打比赛，击打目标为对手的前侧腿和持械手。记住不要击打头部！这项练习能让你在击打对手前侧手的同时学会保持安全距离。这项练习是很好的有氧训练，可以代替跳绳。

3. **搭档对练**：15~20 分钟。与搭档一起，循序渐进地练习远距离格斗的线性计划，将速度放慢，练习每种战术的变体。之后，可以练习更高阶的流程图计划。请记住，这不是对打，而是训练，因此要放慢速度，控制自己的动作。暴露出可信的弱点来诱敌深入，让搭档像实战时一样进攻，只是速度要放慢一倍。如果你的陷阱太过明显，就让搭档提醒你。

进行所有练习时都应将速度放慢，慢动作可以让精力集中于完善技术，而出于本能快动作难以在过程中分析和评估，也就难以进步和完善。利用这段时间学习如何去观察、去感受，以及如何流畅使用短棍，然后你的速度自然而然就会提上来。到那时，动作就会很快而不显匆忙。尽管你和搭档在训练时都慢下来并控制自己的动作，但还是建议你们都穿上护具，只戴手套和头盔就够了。

4. **力量训练**：10~20 分钟。用六步棍花式转棍击打搭档的短棍来训练力量。请搭档将短棍前伸，为确保安全，应让棍尖远离他的身体。把他持棍前方 6 英寸（15.24 厘米）的区域看成是实战中对手握棍的一端，快速用力击打。六次击打全部完成后，无缝进入下一组练习，然后换左手重复以上动作。

5. **降温**：5~10 分钟。花几分钟时间，让身体从格斗或闪避状态调整到休息与消化状态。现在你应该通过静态拉伸来增强身体柔韧性，并分解肌肉中积累的乳酸。

保持新鲜感：随着你对这些技能熟练度的提升，可以尝试在不同的环境中进行练习：在雨中、在楼梯等不平坦的地面上、坐在甚至躺在地板上。用雨伞、网球拍等作为临时武器，代替正常的训练用棍。

单独训练：本训练中的许多项目需要与搭档配合完成。但即使没有搭档，你也一样要训练，你可以根据实际需要对练习项目进行一些小调整。有时，你需要想象出一个对手，而不是一定要有真人站在你面前。对此，镜子是个好帮手。为了训练你的准确度，可以使用击打点来代替搭档手持的棍靶。通常，一个轮胎假人或沙袋可以代替你的搭档，用绳子或链条把它悬挂起来并让它摆动，就可以模仿真人对手的位移。

训练记录：不要忘记在训练日志中记录你的每一次训练。如果还没有开始记录，不如就从现在开始。记录的内容包括每次训练的时长，以及对训练过程的简要总结。通过设定新目标，不断鞭策自己，保持动力，让自己在训练中充满新鲜感和兴奋感。

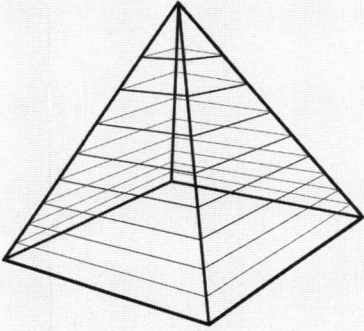

第 3 级　近身策略

Level 3: Crossing the Gap

攻击性近身

尽管你可能更倾向于远距离格斗，但有时也会有进行中距离格斗的意愿或需要，因为中距离让你能使用非持械手制住对手的持械手。或许你无法在外围格斗中获胜，或是你主要采取了规避远距离的策略，选择在中距离与对手交战；又或许你正在自卫，需要迅速解除攻击者的武装并将其压制，无法进行长时间的远距离对抗，此时，你可以直接过渡到近距离。但无论出于何种原因，在与对手近距离交战之前，你仍然必须穿过他的远距离击打区域，这就是所谓的侵入或近身。

向中距离区域移动的近身过程是最容易受到攻击的。有几种方法可以让你安全地进入中距离区域，而不会在此过程中被击中。虽然方法并不唯一，也绝非万无一失，但以下方法确实在很多情况下都奏效。

如果已经进入了积极的远距离格斗，那么进攻只是一个时机选择的问题，因为必须等到对手处于一个难以发起进攻的位置。对手可能会因注意力过于集中在某一次击打上，结果没有击中目标，又暂时无法反击，从而在不经意间使自己处于不利位置。这个空当会非常短暂，因此你必须作好准备，在他一击过后立即出击。

可以通过精准的动作控制来增加成功概率。使用诱敌深入的技巧，引诱对手做出大幅度的挥击动作，让他暴露出一个难以防御的空当。当他上钩时，趁机移开他所瞄准的目标。这时他的注意力都集中在击打上，而击打时产生的力和惯性反而会使他的击打落空。此时，则要立即侵入他的防御空当。

棍花过渡

可以用边进攻边快速击打的方式来打掩护。用棍花攻击对手的前侧手，逐渐靠近，直到进入中距离格斗区域。

以棍花侵入

从远距离击打对手的持械手，不出所料的话，对手会缩回手来闪避你的第一击

使用回环双连击，来进行力度更大的第二击，对手试图再次后撤闪避

对手现在失去了优势地位，无法发起实质性的攻击，这就给了你在反手发起第三击时向中距离过渡的机会

用非持械手压制对手的持械手，同时短棍外旋，发起第四击

停止向下的攻击势头，动作方向逆转，以对手下颌下方为目标，垂直向上进行第五击

最后旋棍一周，以对手腹股沟为目标，向上发出第六击

闪电攻击

闪电攻击，在德语中称为"闪电战"，指的是在进攻时要短促有力地击破对方防线，使其防御失守，从而给对方以"致命一击"的一种策略。这正是这一简单有效的组合技术所起的作用。

可以使用剑术中的拍击技巧来破坏对手的防御。"拍"是指击打对手的武器，以打开格斗线。拍击对手的短棍时，动作要快速、猛烈，以便在半拍时发起第二击。为达到最佳效果，应拍击对手棍身薄弱之处，也就是尽量靠近末端的地方。拍击短棍中部效果不佳，因为中部结构更稳固，被击时移动幅度小，杀伤力不够。不要把注意力过度集中在拍击上，因为能够利用拍击空当的时间很短。

闪电攻击

在远距离位置，摆好格斗姿势，做好格斗准备

在向前击打对手武器的同时，后脚以一定角度向前迈出

猛烈拍击对手武器，破坏其防御

回转身体，反手水平击打对手头颈区域

套路误导

人类的想法非常容易被预测。我们的大脑会自然而然地倾向于寻找套路，你可以借此来欺骗对手，让他做你希望他做的事。这就是所谓的套路误导。这是一种特殊的技法设计，能最大限度规避对手的防御，从而进行致命一击。具体做法是先故意让对手预料到你的击打动作，然后你在动作实施中途迅速改变攻击角度。

首先，你可以击打对手暴露出的一切目标。如果被格挡，就退回起始位，片刻后再伺机以同样方式攻击同一目标。每次击打都要观察对手是如何反击的，并迅速找出他的反击空当在哪。最后一次出击时，对手依然会下意识地按照之前的方式反击。在攻击对手的空当之前，先假装用最初的技法佯攻，然后就可以利用这种思维定式占领先机。

这里要再次强调时机的重要性。你必须持续佯攻，直到察觉到对手已经采取了某种特定的防御方式，然后迅速而流畅地变换击打角度，这个角度是对手意想不到的，因此也就无法设防。不要按照一二拍的练习节奏出击，因为这会给对手调整和反击的机会。你要在半拍时出击。记住！不是一、二拍，而是一拍、一拍半！

套路误导

身体前倾，从左上向右下，用击打 2 猛击。对手的头部在你击打范围之外也没关系，重要的是让他将你的击打视为真正的威胁并用短棍防守自己的右上方区域

立即回到起始位

对同一区域发起第二次快速击打，使对手认定你要从这一角度击打他

迅速拉回到准备姿势

现在，对手应该已经预料到你会从左侧出击了。发起第三击，方式和角度与前两次完全相同，引诱对手格挡保护其右侧

然而，在动作进行到一半时，即对手认定他会挡住预料中的一击时，将短棍绕过他的格挡，同时突然改变击打角度，从右上向左下全力击打其头部

蚱蜢跳跃

　　作为短棍格斗者，并不意味着你就要一心只想着使用武器，而忘记了其他随时可用的工具，比如你的双腿！你的踢技如何？不妨试着在棍术中融入踢技。低位踢，即以腰部以下为目标的踢击，在距离适当时成功率很高，这主要是因为它的出其不意。

蚱蜢跳跃

这是一种非正统的近身技法，也因此而让对手意想不到

起始位在击打范围外

抬起后腿膝盖，向前踢

利用第一踢的势头，突然向前跃起，踢第二下

踢腿的高度不必超过膝盖，因为这不是真正的进攻

只需在你向前跃起时将对手的注意力吸引到你的下盘即可

一旦看到对手开始格挡保护自己的下盘，就立即击打其颈部右侧，使其失去知觉

防御性近身

有学者研究了历史上的击打伤害模式，结果表明，头部左侧受到击打的频率远高于右侧，且绝大多数击打方向都是向下的。这符合惯用右手的人的攻击方式。无论是罗马角斗士（发表于 2006 年 7 月 13 日《国际法医学》第 160 卷第 2-3 期、第 89~236 页的《罗马角斗士的头部损伤》一文中提到）还是中世纪士兵，在战斗中受伤的部位大多位于头骨左侧。迈克尔·卡希尔（Michael Cahill）曾对英国玫瑰战争期间 1461 年的陶顿战役进行研究，他 2016 年的论文写道："大多数钝器造成的伤口位于头骨左前侧，表明这些人与右利手的攻击者进行了面对面的战斗。"

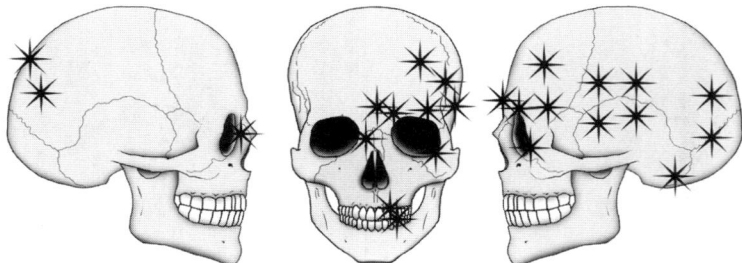

1461 年英国陶顿战役死者所遭受的不同钝器伤的位置。受伤部位集中在头部左侧

屋脊格挡

历史数据展现得很清楚：在格斗中，大多数击打的角度都朝向左下方。在短棍格斗比赛中也会发现类似的规律。因此，在双方尚未交手前进行近身防御时，要先考虑用格挡保护自己的左上方。这通常以高位格挡（也称屋脊格挡或上位格挡）来实现，即把短棍斜举过头顶，棍尖朝向左肩一侧。

速度是近身防御最重要的影响因素之一。从远距离至近距离所花费的进攻时间越短，对手击中你的概率就越低。缩小距离的最佳方式是大幅度跨步，这是人类常见的行走和奔跑方式，速度自然比滑步更快。

改变击打角度和高度，使对手无从预测。例如，用屋脊格挡保护头部时，还可以将其作为正手击打的准备动作，来发起各种高度的击打。例如，可以紧跟在屋脊格挡之后，以对手颈部左侧为目标，从上向下画对角做击打 1，或是从右向左做击打 3，横扫对手腹部，击打其横膈膜，又或是低位击打其前膝内侧。

屋脊格挡

站在对手对面，从远距离开始这一技法。将你的防御高度稍稍降低，以吸引对方在高位攻击

身体前倾，在左上区域使用屋脊格挡，用非持械手压制对手的持械手

向前迈步时，从防御位转入进攻位，用击打 2 攻击对手颈部。这一击很有可能激发对手的迷走神经反应，使其头晕目眩，甚至陷入昏迷

紧接着回环一击，水平击打对手的太阳神经丛，注意用髋部配合转动。这一击的目的是使对手横膈膜发生痉挛，喘不上气

左手向下滑动，抓住对手的短棍，同时髋部向右回转，在对手持械手手臂上方挥击短棍，棍尖瞄准对手太阳穴

这一技法将完全解除对手武装

瞄准膝盖

站在对手对面，从远距离开始这一技法

动作开始时，身体前倾，格挡保护左上区域，非持械手找向对手的持械手

向前跨一大步以快速近身，在制服对手持械手的同时，将短棍绕头一周

向下击打对手前膝

上击

另一种不易被察觉的反击，是从右下到左上击打对手下颌。这一技法可以有效击中从肋骨到头部一侧的任何地方，容错率很高，因而实用性较强。

插眼制敌

这是一种绝佳的自卫技法！如果对手无法看见你，他能造成的威胁就会大打折扣，所以比起手掌来，虎爪攻击更为有效。这是一种手势，需要你绷紧手指，让指尖朝前。虎爪的使用原理很简单，那就是尽早攻击对手最脆弱的部位——眼

上击

站在对手对面，从远距离开始这一技法

动作开始时，身体前倾，格挡保护左上区域，非持械手找向对手的持械手

压制住对手持械手，同时将短棍绕头一周，向斜上方击打

击打对手下颌

插眼制敌

将头部暴露出来，吸引对手发起高位击打

向前上步，用短棍格挡住保护左上区域。注意要自然地大幅跨步，迅速缩短距离

用短棍格挡对手的击打，但非持械手不要去压制对手持械手，而是在击中对手面部时做虎爪状，抓向他的眼睛

向后推其头部，破坏其身体平衡，削弱其有效防御或反击的能力

睛。由于你是用五根手指去攻击对手的两只眼睛，有 10 种成功的可能，因此这一技法成功率极高。攻击眼部可能需要一定的速度和精准度才能成功，但无须用很大的力就能使对手暂时丧失行动能力。

第 3 级训练指南

目标：学会如何安全地接近对手，用时 60~90 分钟。

1. **热身：**15~20 分钟。先做几组强度低的拉伸运动，动作示范可参见本书开头的指南。接着跳绳 5~10 分钟，然后再做几组轻度拉伸，直到心率恢复正常。然后，拿起短棍练习基本动作，比如画 "8" 字（水平、垂直和对角线）和六步棍花。现在还是热身阶段，所以动作要慢下来，可以利用这段时间来完善技术。

2. **近身：**40~60 分钟。与搭档手持短棍对面而立，双方距离刚好在有效击打范围之外。两人轮流使用不同技法做近身练习，如六步棍花、套路误导或蚱蜢跳跃等。接下来，用屋脊格挡作为掩护动作，练习防御性近身。不要忘了练习那些隐蔽性强的反击技法，如上击和插眼制敌，并练习每种战术的变体。再次强调，要遏制急于对打的冲动，应有所控制，一切慢慢来。

所有练习都以半速进行。慢速练习能让你集中精力去完善技术，而非凭直觉快速完成动作。你的速度之后会自然而然地提上来，到那时，你的动作就会很快而不显匆忙。尽管你和搭档在进行这项训练时，都应该慢下来并有所控制，但还是建议你们都穿上护具，只戴手套和头盔就够了。自然而然地，随着技术有所提升，你们双方的速度都会加快。这很完美，只是注意打你的搭档时别太用力就行。

如果你没有搭档，可以把轮胎假人或沙袋当作对手，并在练习时想象他的反应。

3. **降温：5~10 分钟**。花几分钟时间，将身体从格斗或闪避状态调整到休息消化状态。然后通过静态拉伸来增强身体柔韧性，并分解肌肉中积累的乳酸。

训练记录：不要忘记将每一次训练都记录在训练日志中。通过设定新目标来不断鞭策自己、保持动力，让自己在训练中充满新鲜感和刺激感。

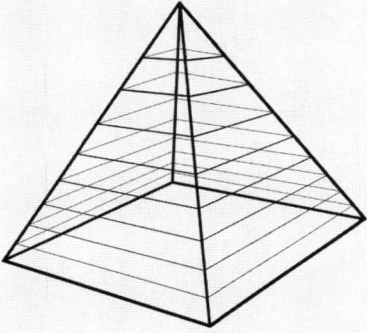

第４级　中距离进攻

Level 4: Middle-Range Offense

认识中距离

可以将中距离理解为在这一距离能用非持械手接触到对手身体的任何部位。一旦能触碰到对手，就可以试图控制其武器。此外，还可以利用触觉来预测对手的常规身体动作，甚至读懂他的意图，尤其是接触到他的持械手时。

与远距离格斗技法一样，中距离格斗也有其独特的战略和战术。远距离击打通常是每隔几秒钟短促地爆发一次，而中距离的出击速度则快得多。对训练有素的棍术家来说，一秒内击出五招并不是什么难事。

由于双方距离足够近，可以实打实地接触到对方的身体，因此中距离能徒手控制对手的武器。这能有效削弱对手的攻击，从而让你放心地进攻而不必担心被反击。

中心、中线和格斗线

要想把握短棍格斗微妙的动态性，就必须理解中心、中线和格斗线的概念。为了便于讨论，我们将脊柱视为身体的中心。中线则是一条假想的线，它沿着身体的中心笔直向下，并在你面前垂直延伸。格斗线也是一条假想的线，连接着你的中心和对手的中心，是最直接的攻击路径（如图 1 所示）。当你的中线与格斗线在一条直线上，你的击打将最为有效，因为对手就在你的正前方，你能将武器和非持械手的效力发挥到极致。因此最好将中线直接对准对手。然而，如果双方都直接站在彼此正前方，那么双方都不占优势（如图 2 所示）。

因此，尽量不要让对手的中线对着你。迅速逆时针向对手左侧（即你的右侧）滑出一步，进入他的减速区，使他无法以最大力击打（如图 3 所示）。然后立即将中线重新对准战斗线，将对手置于你击打范围的中心（如图 4 所示）。

同样地，当你顺时针绕步到对手右侧（即你的左侧），就会进入他的加速区，从而起到干扰他攻击的效果。

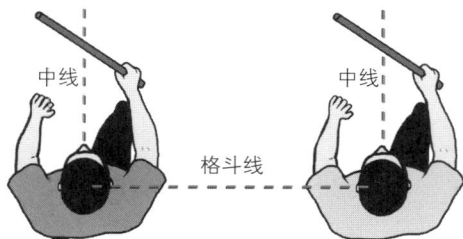

图 1

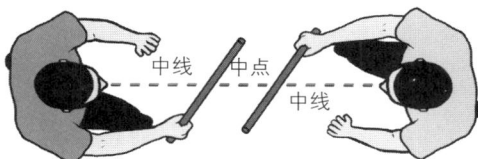

图 2

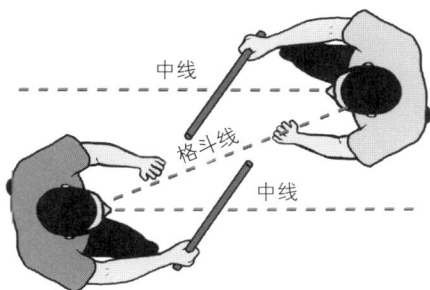

图 3

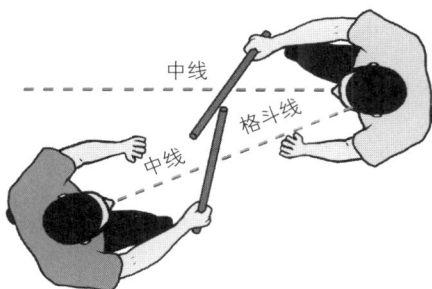

图 4

在中距离定位目标

虽然每次击打通常都会沿规定路线发出，但击打目标有所不同，落棍处也不会总在同一位置。因此你需要明白，每一种基本击打都可以稍稍变换角度。例如：斜向下可以击打太阳穴、颈窝、肩头、肘部或手部；斜向上可以击打膝盖、坐骨神经、髋部、肋骨或肘部；垂直向下可以击打头顶、面部、锁骨、肩头或手部；垂直向上可以击打腹股沟、手部或下颌底部；水平方向可以击打从太阳穴到膝盖间的许多目标，包括肘部和手部；而戳刺可以有效击打面部、咽喉、太阳神经丛或腹股沟。

每次击打都可以调整角度，瞄准多个目标中的任何一个。

继续用你掌握的所有技法，从各个角度、各个高度击打所有可能的目标，直

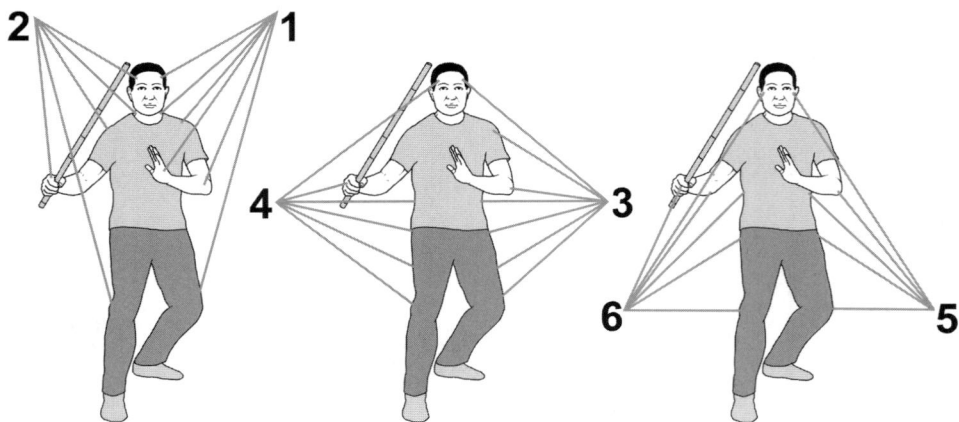

到对手失去战斗力。在任何时候，都要审时度势，控制击打动作，在能控制住局面的基础上用尽可能少的力。虽然这对初学者来说比较困难，但随着用棍能力的提高，这对你来说会越来越简单。

中距离基本组合技术

　　单次击打很难直接使对手丧失攻击力，所以应该使用思虑周详的组合技术。组合技术是事先计划好的一系列招式，需要先经过练习，才能应用于实战。组合技术中的每个招式都应有其特定的作用，若将招式组合得好，实用性强，成功率自然也高。

　　你在练习基本击打时，其实已经在练习组合技术了。按照规定的击打顺序，连续全力挥击短棍，可以达到很好的击打效果，而这是一个好的开始。快速连续使用击打 1 和击打 2，可以攻击对手身体两侧，击打 3 和击打 4 也是同样。不过，你的目标应该是迅速将各种不同的击打技法组合成有效的组合技术，因此不要把自己限制在基本击打模式中。在格斗中，三四次击打组成的短连击更容易记忆和实施。无论你采用何种组合技术，你的每一击都应该为下一击创造机会或预留时间。

高 – 低连击

注意到对手正在进行高位防御

用击打 2 攻击对手的右侧高位，吸引他进行高位格挡

一旦他开始高位格挡，就快速切换成击打 4，全力击打其右侧低位

用非持械手控制他的持械手，同时立即缩回持械手，用击打 3 水平击打其左侧

快速击打

我所掌握的短棍格斗知识在很大程度上要归功于我的菲律宾短棍老师——史蒂夫·沃克。20 世纪 90 年代初，我有幸和史蒂夫一起训练，他第一次向我介绍了这些短棍技术组合。当时，史蒂夫正在为参加 WEKAF 世界锦标赛而刻苦训练。他的技法就是他的秘密武器，他会连续几个小时通过沙袋来练习。我们为他计时，发现他可以很轻松地在一秒内击打 6 次，经过一段时间的练习后，这一数字甚至有所增加。他的努力得到了回报，因为多年来他共赢得了 6 次世界冠军。

　　史蒂夫根据短棍在击打时画出的形状，用字母为每个技法取名。有些技法看起来就像在空中画某个字母，有些则不然。用这些字母命名只是一种简便方法，但我从未发现比这更好的方法。在征得同意后，我将这些以字母命名的技法收录进本书，这是它们首次面世。

THE REPORTER — FRIDAY, OCTOBER 20, 1989

当地药剂师致力于研究顶级短棍格斗策略

图为 1989 年 10 月 20 日报纸报道史蒂夫

直升机击打 [①]

　　直升机击打是一种速度极快的击打技法，由一系列高位区域的水平快速击打组成，每一击之间紧密衔接，能快速多次击打对手头部两侧。正确施展这一技法的关键在于持械手的位置保持不动，以手腕为支点，在你的身前左右移动肘部。

　　你可以专门针对对手的太阳穴实施直升机击打。太阳穴是头骨最脆弱的部位之一，很容易受到伤害。在颞骨内表面有中脑膜动脉和静脉的分支。如果颞骨受损，就会切断其中的血管，导致大脑和颅骨之间出血。击打对手太阳穴可能导致其头晕、昏迷，甚至死亡。

---

　　①　译者注：这种技术也称为"扇形击打"。

单人练习

以手腕为支点，在高位区域反手进行水平快速击打

向反方向回旋，在高位区域进行第二次水平快速击打

击打目标

要想练就强力而快速的直升机击打，可以在练习时让搭档将短棍垂直举在他面前，你用棍尖击打他的棍尖

在任何时候都不要靠近或击打搭档的手。但即便如此，最好还是让他戴上手部护具，尤其是在初级训练阶段。如果没有搭档，你可以击打沙袋或轮胎假人用以练习

与搭档一起练习

直升机击打的应用方法之一是暴露出头部，以吸引对手攻击

当对手上当时，在高位用击打 1 进行格挡

压制对手持械手，清除高位障碍，以手腕为支点，在高位快速水平击打对手左太阳穴

利用撞击产生的力顺势反弹，快速击打他头部另一侧。在对手反击前，你通常能够多次实施这一技法

"S"形组合技术

这一技法形似字母"S"，动作理念简单而有效：先用直升机击打吸引对手进行高位防御，然后突然变换高度进行低位击打。快速而有力地实施这一组合技术的秘诀在于每次击打时都要扭转你的髋部。

现在，我们已经了解到在格斗初期击打太阳穴会有多大的破坏力。这套组合技术的最后一击是针对对手的横膈膜。以稍微向上的角度击打胸廓下方，大多数人将这一部位称为"太阳神经丛"，然而严格来讲这种说法是错误的，因为太阳神经丛或腹腔神经节实际上是一个位于腹腔干周围的交感神经网，它被很好地保护着，不会受到任何击打。当人们说自己的太阳神经丛被击中时，他们真正的意思是自己的上腹部，即胸部下方的区域被击中了。这会使人产生剧烈的疼痛，因为他们的横膈膜会不受控制地发生痉挛。由于横膈膜控制着肺部，这可能会导致暂时性的呼吸困难。由于横膈膜被击打的角度和力度不同，还可能导致肋骨瘀伤或骨折。

单人练习

1

在高位区域，从右向左，反手进行水平快速击打

2

以手腕为支点旋转360度，从左向右发起第二次快速击打

3

最后，从右向左在水平方向以击打 5 结束

与搭档一起练习

从中距离开始使用这套"S"形组合技术。你在高位区域水平快速击打对手左太阳穴的同时，用非持械手压制对手的持械手

利用撞击产生的力顺势反弹，水平快速击打对手右太阳穴

现在你已经把对手的注意力吸引到了高位区域

此时突然改变高度，用一个强有力的击打 4 水平击打对手腹部。注意转动髋部借力

"T"形组合技术

当然，直升机击打十分有效，但你早晚会需要撤退来重新计划格斗方案。审慎局势，不要恋战太久。短棍格斗是一项各方面要求都很高的运动，如果需要几个回合才能结束战斗，那就得把握好节奏。可以通过暂时撤退到对手击打范围之外来节省体力，而"T"形组合技术则是掩护撤退的好方法。

可以先缩小双方距离，在击打范围内发起密集的爆发式击打，然后在未被击中的瞬间迅速从某一角度撤出。稍作喘息的同时，在外围迷惑对手，然后再次逼近，实施另一套中距离组合技术。像这样不断变换双方距离，可以让对手猜不透你，从而有利于你掌控格斗局面。

轻微撞击头顶虽然会造成一定程度的疼痛，但通常并不严重，因为头骨是由坚硬厚实的骨骼构成，用来保护大脑免受伤害的。但如果大力击打头顶就可能会导致脑震荡，漂浮在脑液中的大脑与颅骨内壁发生剧烈撞击，可能会导致血管破裂，瘀伤处的血流量增加会引发神经代谢级联反应，导致头晕、意识模糊，甚至昏迷。如果造成颅骨骨折，骨骼破裂可能会刺穿大脑，造成更严重的脑损伤。

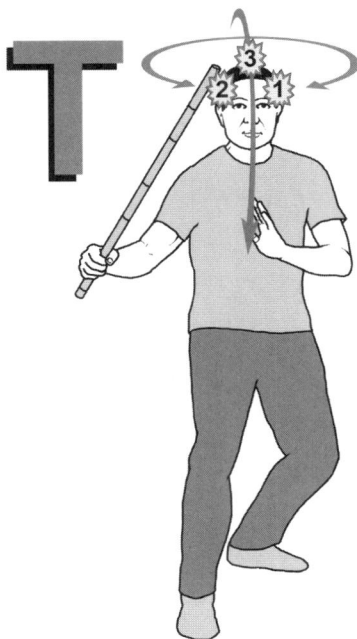

单人练习

在高位区域，从右向左，反手进行水平快速击打

以手腕为支点旋转360°，从左向右发起第二次快速击打

最后垂直向下以击打 7 结束

与搭档一起练习

从中距离开始实施"T"形组合技术，先水平快速击打对手左太阳穴

然后顺势反弹，快速击打其头部另一侧

突然抓住对手的短棍，向后一跃，将短棍从他手中拽出，同时垂直向下以击打7来掩护撤退

"U"形组合技术

另一个有效的组合技术是"U"字形，即快速连续击打对手身体两侧的高位和低位。

如图所示，这一组合技术的击打目标仍然是太阳穴（神经系统）和上腹部，特别是横膈膜（呼吸系统）。击打高度和角度的快速变化使它的防御性大大增强。

单人练习

从高位快速击打开始

流畅转换至击打 3，从右向左水平全力
击打

迅速回转，在高位区域反手快速击打对手另一侧

流畅地发起另一次全力击打，这次的方向是从左向右。以另一次高位快速击打开始，重复以上动作

与搭档一起练习

首先，高位快速击打对手头部

利用这一击的反弹力，顺势流畅转换至击打3，从右向左水平全力击打

顺势反手高位快速击打对手头部一侧

同样地，利用击打头部产生的反弹力，顺势流畅转入另一次全力击打，水平击打对手腹部。以另一次高位快速击打开始，重复以上动作

"W"形组合技术

"W"形组合技术是"U"形组合技术的一种巧妙变体，不过击打次数是"U"形的两倍，因此得名双"U"形，即"W"形组合技术。这套技法最初只包含6次击打，这几年我经过修改增加了动作4和动作8两次低位击打。

首先，高位快速击打对手头部左侧两次（动作1、2）。再利用第二击的反弹力，顺势流畅转换至击打3，从右向左水平全力击打对手腹部（动作3）。一旦棍尖扫过对手躯干就立即回转，用击打4快速击打对手身体另一侧（动作4）。这会将对手的注意力吸引到低位区域，此时迅速对其头部另一侧发起两次高位快速击打（动作5、6）。同样地，利用第二次击打头部的反弹力，顺势进行一次全力击打，这次是从左到右水平击其腹部（动作7），然后迅速扭转方向，击打对手身体另一侧（动作8）。利用撞击产生的后坐力，流畅地开始另一次高位反手快速击打，重复上述动作（动作1、2）。

训练器材：配重棒

日本冲绳的空手道大师有将沉重的石头安装在木柄上以此来辅助练习的传统，这种工具被称为"槌石（chi ishi）"或"力量石"。印度的摔跤手也有一项悠久的传统，即使用一种叫"锤铃（gada）"的配重棒来训练，增强全身力量。波斯人则使用一种叫"波斯棒（meels）"的大木棍。20世纪初，以格斯·希尔（Gus Hill）为代表的杂耍壮汉让挥舞印第安棒大为流行。希尔的体重只有 150 磅（68.04 千克），却经常挑战体形比他大得多的观众，让他们用重达 115 磅（52.16 千克）的印第安棒与他一较高下！虽然配重棒不属于常规器材，但在世界各地的许多武术学校中，各种各样的配重棒都是很受欢迎的训练工具，尤其受棍术和剑术运动员喜爱。

各种配重训练器材在网上随处可见，包括各种做工精良的木制或钢制棍棒和棒铃。这些器材有些会很重，但你进行棍术训练的目的毕竟不是大幅增加肌肉量，因此我建议你从轻量级的配重棒开始。实际上，自己制作非常容易！你只需要一根棍子、一个汤罐和一些速凝混凝土。有关自制配重棒的蓝图和更详细的说明，请参阅本书末尾的附录。

配重棒可以帮助你很好地热身和训练手指、手腕、手臂、肩膀和其他相关肌肉群。如果使用得当，还能增强肩部的灵活性和柔韧度。它可以单独使用，也可以成对使用。借用它们可做的练习很多，我建议你观看与此相关的教学视频来了解它们的常规使用方法，以保证安全。不过，既然你的重点在于提升短棍格斗的力量和速度，就一定要慢慢来，在练习中逐渐加入各种格斗技巧，如画"8"字形、9 种基本击打技法、六步棍花和各种组合技术，如"S"形、"T"形、"U"形和"W"形。

　　为自己量身定制配重棒，操作简单且价格低廉。需要一个干净的空罐子和一根可作为手柄的短棍。在手柄一端钉上一些螺丝或钉子作为固定点，然后把这一端放进罐子里。再往罐中浇入快干混凝土，确保手柄保持笔直，直到混凝土凝固。还可以多做一只，配成一对，用于双臂练习。随着训练不断深入，你可以用更大的罐子或更长的手柄来增加配重棒的重量。

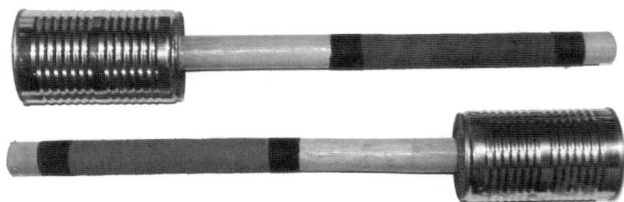

　　负重弹道运动会给肌肉造成很大压力，因此开始时一定要小心谨慎，控制好力度。一定要从较轻的配重棒开始，逐渐增加重量。由于配重棒的末端更重，因

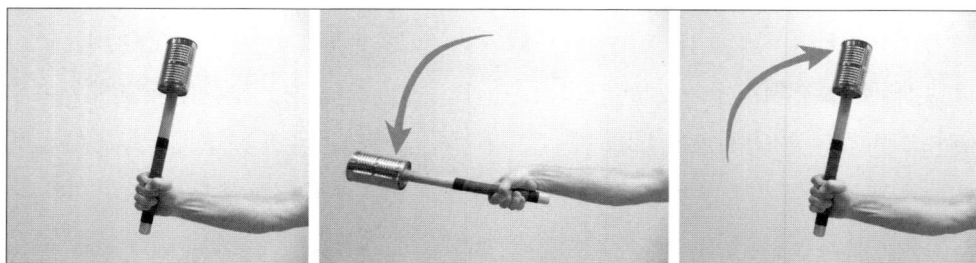

从简单地伸展和弯曲手腕开始

此抓握位置越靠后，挥动起来就越困难。若想降低难度，只需移动抓握位置，将手靠近配重一端即可。当你热身完毕，准备好增加挑战难度时，再慢慢把手移向另一端。

使用配重棒时，双脚分开约与肩同宽，稳定站立。用核心力量支撑身体，让肩膀向后、向下，以稳定身体结构。牢牢握住手柄，但也不要握得太紧。手腕放松，但不要瘫软。有个好用的方法，就是在让动作加速之前，先让动作标准，之后再逐渐加快速度。

用配重棒进行简单的"8"字击打

中距离格斗策略

让我们来看看如何将各种中距离攻防战略战术结合起来，形成有效的整体格斗计划。

中距离格斗策略

总体战略：通过拉近距离，在中距离发起多次击打，出其不意

读懂对手！他是如何行动的？

出击	中立	防御
拉近双方距离	优柔寡断，冲动，轻信	处在外围，保持双方距离
坚守阵地，让对手近身	以格挡或分散对手注意力的方式近身	借进攻掩护近身

防御　　　　　　　　　　　　　　　　　　**进攻**

在使用"S"形、"T"形、"U"形和"W"形等快速击打组合技术，从多个角度和高度进攻时，用非持械手压制对手持械手

若可以，解除对手的武装

击中

撤退

若需要，可重复

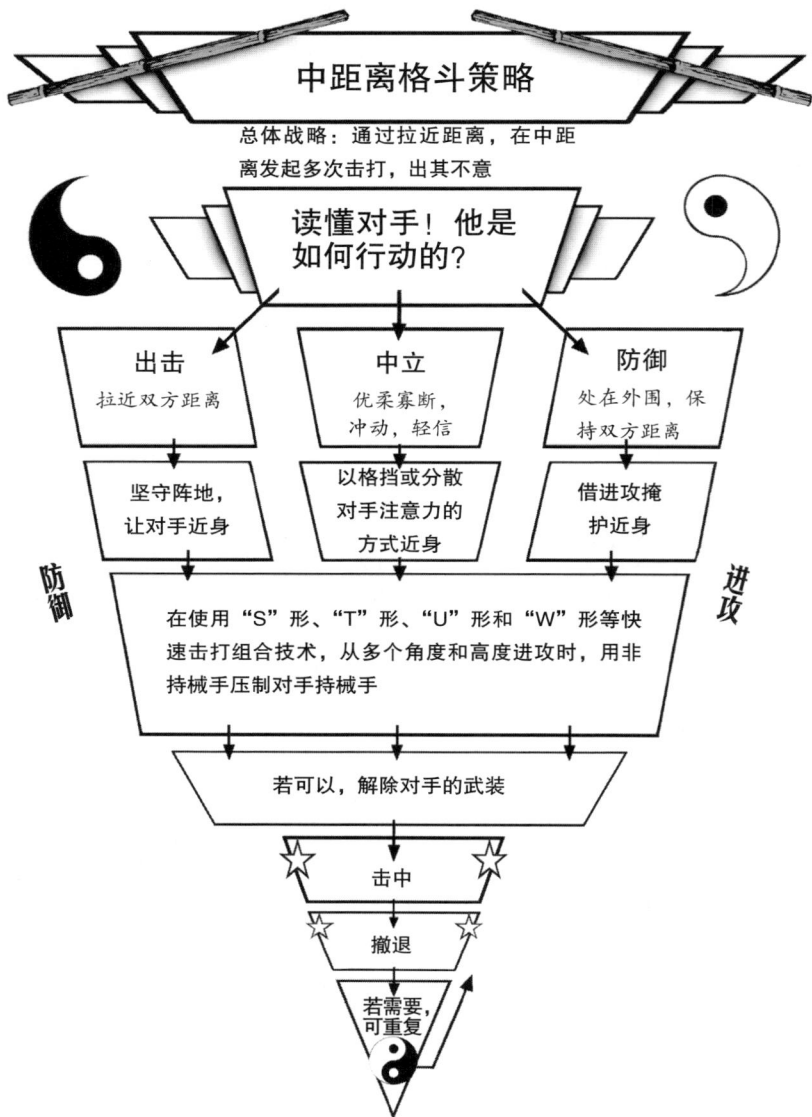

以简单流程图呈现的中距离格斗策略

第 4 级训练指南

目标：提高中距离进攻技能，用时 60~90 分钟。

1. 热身：15~20 分钟。先做一些轻度拉伸运动，具体动作示范请参见本书开

头的指南。接着跳绳 5~10 分钟，然后再做一些轻度拉伸，直到心率恢复正常。拿起短棍，练习基本组合技术，包括"S"形、"T"形、"U"形和"W"形组合技术。

2. **中距离格斗策略**：15~25 分钟。站在搭档对面，位置刚好在他的有效攻击范围之外。使用不同的战术，练习攻击性近身和防御性近身。每次成功近身后，先在内围使用各种组合技术进行反击，然后解除对手的武装或从某一角度撤退。

再次强调，不要急于开始对练。慢慢来，让一切处于控制之下。所有练习都以半速进行，先学习如何观察和正确使用短棍，速度在后面会自然提升。到那时，你的动作就会很快而不显匆忙。记得穿戴护具，只戴手套和头盔就足够了。

如果没有搭档，你也可以将轮胎假人或沙袋当作对手使用，并在练习时想象他的反应。

3. **沙袋练习**：15~20 分钟。需要使出能快速削弱对手力量的组合技术。因为不能对着你的搭档使用全力击打，所以就要用到轮胎假人或沙袋进行练习，这是很重要的。对着沙袋，重复练习所有组合技术，"S"形、"T"形、"U"形和"W"形至少各练 1 分钟。最后再进行一轮自由练习，将所有技术流畅地组合在一起。

击打沙袋产生的力量会使短棍与手掌形成摩擦。要小心水泡！一旦你感到水泡开始形成，就要立即停下来，等它恢复。如果你在这时继续练习，水泡就会破裂，恢复时间会更长，对训练影响也会更大。

4. **力量训练**：10~15 分钟。用配重棒做热身时的基本动作（画"8"字、棍花和字母组合技术）。开始时速度要慢，注意控制动作。建议你在开始时调整抓握位置，将手靠近配重一端。当你准备好增加挑战难度时，再慢慢把手后移，以增加运动阻力。

5. **降温**：5~10 分钟。花几分钟时间，让身体逐渐从格斗或闪避状态恢复到休息或消化状态。可以通过几组静态拉伸来增强身体柔韧性，分解肌肉中积累的乳酸。

训练记录：不要忘记在训练日志中记录每一次训练。设定新目标，不断鞭策自己，保持动力，让自己在训练中充满新鲜感和刺激感。

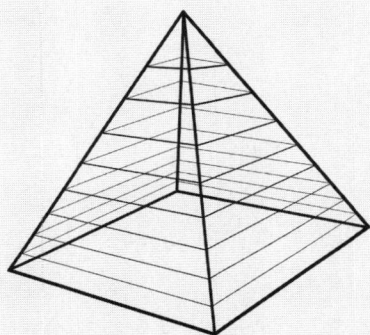

第 5 级　中距离防守

Level 5: Middle-Range Defense

压制

中距离格斗的重要部分之一，就是用非持械手察觉和控制对手的持械手，这与另一只手的持棍攻防是同时进行的。该技法与咏春拳等功夫流派中常见的"黐手"或"粘手"非常相似，原理是紧贴对手的持械手，以削弱甚至化解其攻击。

粘手控制训练时会涉及的一些姿势

这一技法是通过多种动作来实现的，包括控制、格移、抓、拍、锁、铲、推、压、拉、扫。无论采用哪种动作，都需要与对手的持械手臂保持某种黏聚力。

粘手控制训练旨在练习有效使用非持械手。在搭档对面摆好战姿，轻轻触碰他的持械手。当他慢慢移动准备击打时，你要设法保持这种接触，轻柔而坚定地压制住他或调整他的击打方向。尽管有时你也能感知和操控他手臂上方的部位，但重点是控制他的持械手而非手腕或前臂，因为这通常能最大限度地发挥控制力。

格挡和格移

虽然完全避开对手的击打最能有效避免被其武器击中，但这并非总是可行。格挡是一种防御策略，旨在阻碍或中断对手武器的前进势头。而格移则是在不中断其前进势头的情况下，改变其运动轨迹，避免被其击中。

必须经过学习和训练，才能在格斗中有效运用格挡和格移。从静态格挡到拦截，再到动态格挡，这一过程旨在帮助你适应和成功运用格挡技术。

静态格挡

静态格挡发生在对手的击打区。当棍子向你袭来时，你下意识地就会移动身体。要想在短棍格斗中保持冷静，先要学会控制这种本能的退缩反应。虽然直接躲开通常更可取，但静态格挡教你如何坚守阵地，用最简洁的步法"出招"，而不离开对手的击打区。这有助于提升你格挡时的自信，让你在对手挥棍时不再惊慌失措。这样就能保持冷静，从而读懂对手意图，作出恰当反应。

练习静态格挡的及格标准是在对手挥棍时能冷静观察对手动作。有些动作能透露出很多信息，注意观察它们，以此来判断对手出击的方位和高度。如果对手以封闭姿势开始出击，说明他正准备进行反手击打，而如果他抬起手臂，打开身体，就说明他打算发起正手击打。此外，还有一些线索也能透露他的击打高度，例如他手持棍的停留位置、他眼看的方向等。利用这些信息，你就可以在被击中之前进行格挡。你还可以在格挡之后加入反击动作，但一定要以格挡优先。

当你能毫不退缩地在原地站定并格挡时，就到了该加上适当步法的时候了。如果对手准备做正手击打，就用右脚绕步到他的左侧；如果对手准备做反手击打，

针对击打 1（即高位正手斜向下击打）的高位格挡

针对击打 2（即高位反手击打）的高位格挡

针对击打 3（即中位正手击打）的中位格挡

针对击打 4（即中位反手击打）的中位格挡

针对低位正手击打的低位格挡

针对低位反手击打的低位格挡

这六种基本格挡可以从头到脚护住整个身体

则用左脚向左转。转向对手时，中线要对准格斗线，这样就可以同时用武器和非持械手来防御。如果可能的话，用非持械手将对手的中线带偏，让他无法再攻击。

在第一次与对手短棍相接时，要手对手、棍对棍进行格挡。用短棍中部垂直阻截对手短棍，以消解他的击打力并使其短棍完全停住。这也能最大限度扩大格挡面，提高格挡成功率。格挡动作要小而省力。如果对手出击时你的棍尖朝上，在格挡时就要保持朝上，反之亦然。如果试图在格挡中途调整棍尖方向，朝上变为朝下，就会瞬间使你暴露，根本无法格挡。

在格挡对手短棍的同时，用非持械手去压制他的持械手。如果手臂过度紧张，是很难压制对手武器的。压制手必须放松，以便随时根据对手动作作出反应。不要抓握他的手腕，而应该紧紧压制他的持械手，以柔和但坚定的动作压制他的武器，避免让他形成明确的攻击线。

练习时，为了达到最佳的学习效果，搭档的挥棍速度应该让你的格挡有 80% 的成功率。如果成功率始终低于 80%，就会使人感到气馁，学习速度也会减慢。如果成功率总是超过 80%，说明挑战难度不够，你就无法学到足够多的技能。因此，搭档应该尽力让你被击中的概率维持在 20%。这一概率有时会上下浮动，能激励个人成长。建议你对着镜子独自练习，以便观察并完善动作。

你可以和搭档轮流练习击打与格挡。从高位击打与格挡练习开始，然后练习中位击打与格挡，最后练习低位击打与格挡，然后再从头开始。一方击打，另一方格挡，然后在同一高度进行反击，让双方都有机会进攻和防守。加入一些简单的动作，在击打和格挡时运用绕步。一定要记住用非持械手压制对手的持械手。通过改变格挡的顺序，来尝试这项练习的各种变体。

基本格挡练习

高位（1和2）、中位（3和4）、低位（5和6）

进行基本的格挡练习，直到你能冷静观察对手的动作，并迅速辨别他的出击方向和高度。一旦你能自如地站定，在对手向你挥棍时不退缩，你的动作就会更加有力和充满自信。接下来，我们将进入拦截和动态格挡的学习。

拦截

这与基本的静态格挡练习很相似，只是增加了一个步骤。在对手的击打达到最大速度之前，在加速区对其进行拦截。尽力在格挡时击打对手手部，同时用非持械手压制其手臂或攻击其面部。

基本拦截练习

高位（1和2）、中位（3和4）、低位（5和6）。需要注意的是，
格挡的重点在于对手的持械手而非短棍

动态格挡

在理想情况下，你要尽可能地避开对手的击打。动态格挡会用到绕步，通过移动到对手的减速区，也就是他的击打速度开始降低的区域，来避开攻击。用灵活的棍尖进行短促而有力的"脉冲击打"，来抵御迎面而来的攻击。尽快用非持械手压制住对手的持械手，并维持住这个动作，始终保持对其武器的控制。紧接着果断采取组合技术进行反击。

动态格挡

当对手准备出击时，你向格斗线外移动

与此同时，持棍格挡，但不要压制其持械手，因为你正在向击打区域外移动

当对手武器从你的短棍上滑开时，反击其头部

　　动态格挡和格移十分相似，对手的短棍都不是被拦停，而是被阻截，偏离了原定的攻击线，而击打的势头仍在持续。二者的不同之处在于，格挡时短棍是在对手武器的正前方，而格移则是用短棍从侧面或后面将对手的武器打偏。

　　在近身时使用的高位格挡实际上更像是介于格挡与格移之间的一种技法。有时双方的短棍几乎以垂直的角度相击，这种情况下的击打几乎会完全被拦停。如果双方短棍相击时形成的角度更大，往往会相互错开并安全地向一侧偏移。由于对手的武器一直处于运动状态，因此该技术属于格移，而非教科书式的标准格挡。

格移

　　格移可以在不拦停对手的情况下将其武器打偏，而这在应对刺击时格外有效。需要注意的是，棍尖位置偏低会暴露出你的高位区域，从而导致对手自下而上的刺击。此时进行格移可能会导致很不好的结果，针对你上腹部的刺击可能会被打偏，刺向你的面部。向两侧格移要安全得多，因为你的身高大于身宽，向两侧格移可以用幅度最小的动作让刺击方向偏离你的身体。在两侧格移中，如果对手是右撇子，向右侧格移更为安全，因为这样能阻碍对手有效使用其防御手。

反手格移

以封闭防御姿势开始

当对手挥棍时，稍微向后倾斜，动手阻截其击打

尽早与其短棍相接触，以改变其击打方向

格移的动作不要过度。一旦对手的击打偏离了预定目标，就立即停止

趁对手处于不利位置，沿着已经打开的格斗线向回撤

用棍尖击其脸部，完成这套组合技术

三对三

这项练习很适合为格挡这一节画上圆满句号。它是多个版本的短棍练习中的一版，通常被称为"三对三"，因为有三个动作，左右各做一次。据说这项练习改编自一种西班牙的剑术训练。它包含三个格挡动作，每次格挡都紧跟着一个非常有效的反击动作。它的练习方法不一而足，下面这个版本是针对中距离的。

一如往常，你应尽可能地用非持械手压制和掌控对手的持械手。如果你在任意一次格挡时使用非持械手进行钩、抓、设陷阱，或以其他方式阻碍对手的格挡动作，哪怕只有一瞬间，也会让他无法抵御你的反击。因此，尽管在训练时要反复进行一次又一次格挡和击打，但在"实战"情况下，你可能只会进行一次格挡和一次反击，当然按照实际情况，也可能需要多次反击。

此外，三对三还有助于提升步法和身体动作的有效性。站在格斗距离最远处，在防守时，先向后退回到猫步姿势进行格挡，然后再向前冲进行反击。记住要始终用前脚脚掌而非脚跟蹬地。用力收缩内收肌（大腿内侧肌肉）来撤回前脚，回到稳定的猫步姿势。每个动作之间应衔接流畅。通过练习，你的速度和掌握时机的能力都会提高。

以猫步站姿开始，从右向左进行低位格挡。持械手拇指在下，掌心朝外（朝向对手），垂直握棍，就像在格挡针对右腿的击打一样。同时用非持械手压制对方的持械手，左臂在下，右臂在上，左手拇指朝下（见图 1）。

前跨一步成右弓步，同时顺时针旋转持械手，击打对手前侧肩膀。重点是以手腕而非手肘为轴进行转动。非持械手应位于胸部中央，成防御姿势（见图 2）。

收回右脚成右猫步，同时将短棍举过头顶，棍尖略向下倾斜，进行高位格挡。同时用非持械手压制对手的持械手（见图 3）。

前跨成右弓步，以对手前膝为目标，从右向左做低位击打 1。击打路线不要超过目标，而是一旦发觉对手已成功格挡，就立即停止击打。非持械手应位于胸部中央，成防御姿势（见图 4）。

前脚掌蹬地发力，内收肌收缩，右脚后撤成右猫式，同时将短棍举过右（前）肩，棍尖略向下倾斜，进行中位侧翼格挡。同时用非持械手压制对手的持械手（见图 5）。

　　前跨一步成右弓步，用击打 7 垂直向下击打对手头部。非持械手应置于胸部中央，成防御姿势（见图 6）。

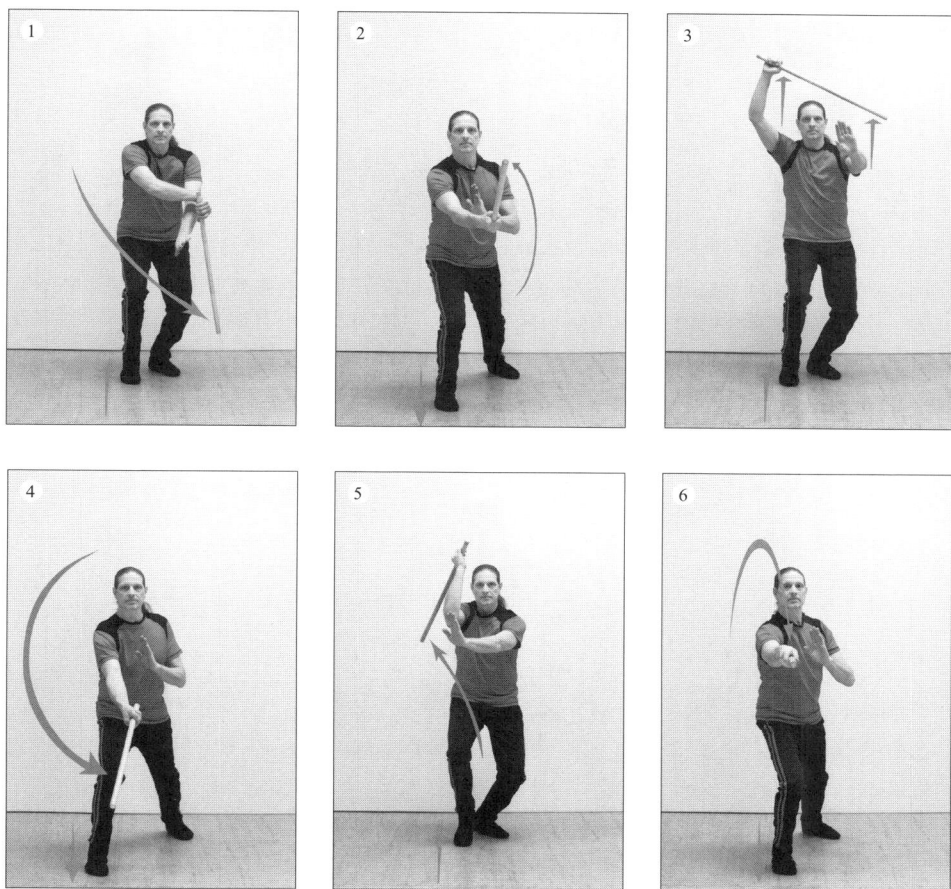

　　你现在已经完成了一轮练习。接下来重新开始，按照低位、中位、高位和进攻、防御、进攻的顺序，重复上述动作。通过这些，你可以大量练习击打和格挡动作，以及快速前冲和后撤的步法。当你的能力随着练习逐渐提高，再加入绕步等不同步法，并试着变换距离，从近距离到中距离再到远距离，然后再次重复。你的最终目标是能够在自由实战中运用这些格挡和反击技法。

A：用低位击打 1 斜向下击打 B 的前膝内侧。

B：从右向左做反向格挡以进行低位防御，指关节朝前

B：用中位快速击打垂直向下击打对手右肩。

A：前脚撤回，短棍在右肩上方做反向格挡以进行防御，该技法通常被称为"侧翼格挡"

A：用高位击打 7 垂直向下击打 B 的头部。

B：用屋脊格挡进行高位防御，棍尖位于左肩上方。然后互换角色，重复上述动作

B：用低位击打 1 斜向下击打 A 的前膝内侧。

A：从右向左做反向格挡以进行低位防御，掌心朝外

A：用中位快速击打垂直向下击打对手右肩。

B：前脚撤回，做右侧翼格挡以进行中位防御

B：用高位击打 7 垂直向下击打 A 的头部。

A：用屋脊格挡进行高位防御，棍尖位于左肩上方。然后互换角色，重复上述动作

中距离缴械

不同于远距离缴械，中距离缴械允许非持械手抓握对手的短棍。格挡之后、对手收回击打动作之前的一瞬间，正是抓住其短棍并进行缴械的绝佳时机。从技术角度来讲，要解除对手的武器，唯一要做的就是克服他的手与短棍之间的摩擦力。但在实战中，这需要严格把握时机，并对如何解除对手武器有基本的了解。

杠杆缴械

任何一个与对手持械手相接触的压制动作都可以作为杠杆缴械的起点。从该姿势开始，抓住对手的短棍并迅速沿其手背方向向下拧转。这个单手缴械动作会

击打辅助下的杠杆缴械

当对手对你的头部做击打 1 时，使用屋脊格挡进行反击

迅速抓住对手的短棍，将其拧转至棍尖朝下。为了将控制力最大化，抓握位置应该靠近对手的持械手

进行杠杆缴械时可以同时用棍尾或棍尖击打对手持械手，迫使其松手

这有助于扭转其手腕，使其短棍脱手

使对手的短棍压迫其手掌最脆弱的部分，也就是虎口，从而破坏他的抓握。

拳击辅助下的杠杆缴械

当对手对你发起水平击打 4 时，棍尖向上进行格挡

握住他的短棍并逆时针拧转，使其远离你的身体，用持械手的指关节紧紧抵住对手持械手的手背

在进行杠杆缴械的同时，用持械手握拳击打对手持械手的手背

这有助于拧转其手腕，使其短棍脱手

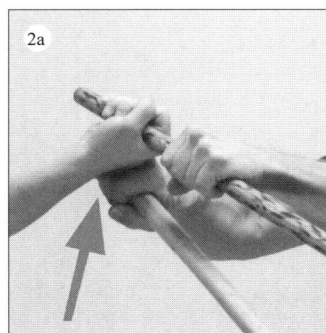

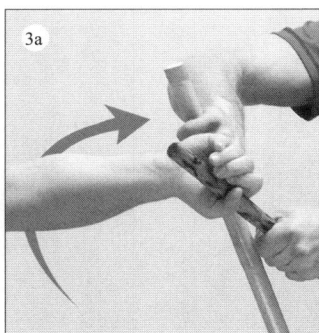

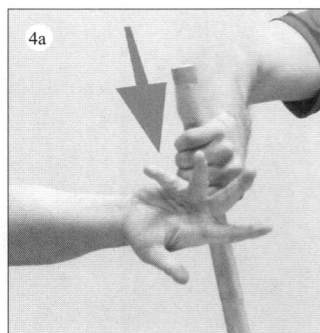

钩式缴械

钩式缴械是用棍尾将短棍从对手手中撬出。

钩式缴械

格挡并抓住对手短棍

抬手用棍尾钩住对手手腕。完全接触练习包括用你的钩子[1]击打对手持械手，但训练时要小心，避免伤到搭档手腕。该击打能够破坏对手的平衡结构，无论他使多大的力来抵抗都无济于事

同时实施击打 4，用棍尖击打对手头部

转动身体，完成缴械

　　如果第一次尝试缴械以失败告终，但你手中仍握着他的短棍，不要松手，趁他无法挥棍时用短棍进行击打，或者更好的做法是趁此机会迅速再次尝试缴械。

---

　　①　译者注：所谓的钩子是指留长的棍尾和持棍手腕构建的钩状结构。

蛇缠缴械

蛇缠缴械，也叫"藤缠缴械"，即用手臂缠住对手的手臂，然后急速拧转，破坏他对短棍的抓握。

蛇缠缴械

从压制姿势开始

顺势将手从对手持械手上方滑过

继续将手滑动至其持械手臂下方

缠绕动作完成时，他的短棍应该被夹在你的腋下。不要夹住他的手，而是让他的手置于你的臂弯，夹住他的短棍

急速向外侧拧转身体

将短棍从他手里撬出

　　2015 年，我参加了在纽约举办的"十二棍师"世界锦标赛，在比赛中使用了蛇缠缴械。然而，由于对手穿着笨重的背心，加上比赛现场照常一片混乱，当我对其手臂做蛇缠动作时，我根本无法判断是否真的用身体夹住了他的手。我后退一步，急速拧身，却没有卸下他的短棍，而是不小心将他头朝下扔到了擂台另一边。让我感到宽慰的是他十分灵活，尽管全副武装，他还是做了一个漂亮的肩部翻滚动作，又立刻跳起来继续比赛。不过，裁判对我不太满意，因为将对手摔倒显然违反了比赛规则（我受到了严厉警告，但值得高兴的是我依然赢得了比赛）。

震手缴械

　　震手缴械是用猛烈的力量将短棍从对手手中击落。用非持械手抓住他的短棍，然后击打其手臂使短棍脱手。或者，你还可以反过来抓住其手臂，猛地将短棍击落。

震手缴械

双方正相互压制着持械手

用非持械手抓住对手的短棍

用右前臂从下向上猛击对手的短棍，使其脱手

第 5 级训练指南

目标：提高中距离防御技能，包括压制、格挡和缴械技能，用时 60~90 分钟。

1.热身：15~20 分钟。先做几组轻度拉伸运动，动作示例可参见本书开头的指南。随后跳绳 5~10 分钟。再做几组轻度拉伸，直到心率恢复正常，然后拿起短棍，练习一些基本动作。不要忘记你还在热身阶段，所以动作要慢下来，利用这段时间完善技术。

2. **接触训练**：10~15 分钟。与搭档面对面站立在中距离范围，非持械手与对手持械手相接触。在压制对手的短棍，防止其进行击打的同时，从各个角度和高度缓慢对他发起击打。与此同时，你的搭档也在做同样的动作。注意这并非对打练习，而是一个灵敏度练习！因此双方动作都要缓慢并控制力度，击打时尽量少用或不用力。

3. **缴械**：10~15 分钟。在接触训练之后，与搭档一起练习杠杆、钩挂、蛇缠和震手缴械。

4. **格挡和击打**：10~15 分钟。进行静态格挡练习，与搭档轮流进行击打和格挡。这能让你身心都准备好如何应对有人向你挥棍。

5. **三对三**：10~15 分钟。进行动作强度更大的三对三练习，熟悉步法和姿势。

6. **降温**：5~10 分钟。花几分钟时间，将身体从格斗或闪避状态调整到休息和消化状态。现在应该进行静态拉伸，以增强身体的柔韧性，分解肌肉中积累的乳酸。

单独训练：如果你恰巧没有训练搭档，就单独进行训练！当然，这需要对训练内容做些修改。你可以利用假想敌或轮胎假人，还可以为其配上短棍。

后续跟进：不要忘记用训练日志记录每一次训练。还没有开始吗？还在等待什么呢？记录每次训练持续的时间，并对训练内容做简要总结。设定新目标，不断鞭策自己，保持动力，让自己在训练中充满新鲜感和刺激感。

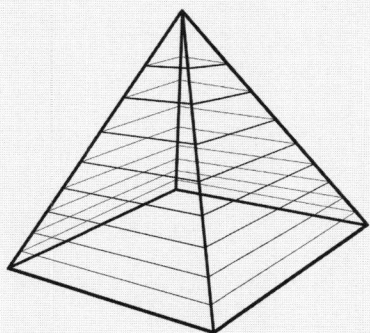

第 6 级　近距离攻防

Level 6: Close-Range

近战

远距离指的是能用棍尖接触到对手的距离；中距离指的是能用非持械手接触到对手的距离；近距离指的是能用棍尾接触到对手身体的距离。在触手可及的距离进行格斗时，应采取一些有别于其他距离范围的特定战术。

握拳击打

握拳击打可能是近距离范围内最常被忽视的技法。当你有更好的工具可用时，不要只局限于使用短棍。如果你接受过任何格斗训练，现在正是该施展的时候。暂时忽略手中的武器，直接出拳。其他近身武器还包括肘关节、膝盖、脚，甚至是头。

握拳击打

对手正压制着你的持械手

用棍尾钩住其手腕内侧

将他的手向下向后拉，让出格斗线

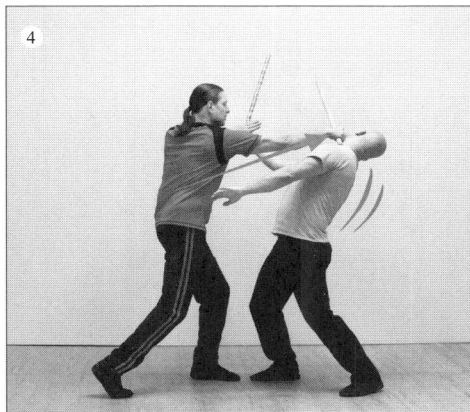

用拳击中的后手交叉拳或空手道反手拳等拳法向前出击

棍尾击打 [①]

用棍尾一端进行击打，是近距离内围战的理想选择，尤其是只用一只手握棍时。这个动作十分自然，就像用锤子敲击一样，只不过锤柄是你的小臂。这能产生巨大的击打力，而且力量集中在棍尾的横截面上，极小的接触面积进一步加大了击打力度。

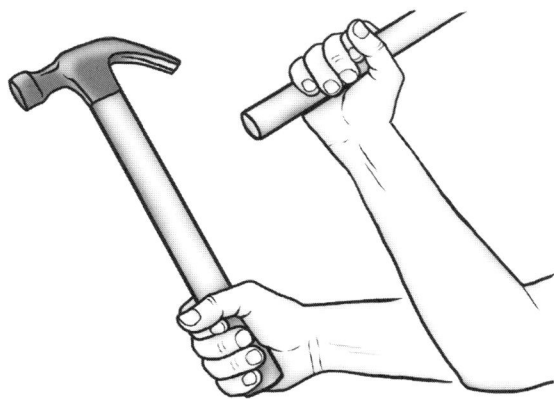

---

①　译者注：有人也将这种技术称为"杵"。

　　在内围格斗时，动作通常受制于有限的空间，使加速和发力更加困难。因此，尽管你可以用棍身进行全力击打，但力度会相对较弱。更为快速有效的击打方式是棍尖在空中画弧线，对目标进行快速击打。但你离对手太近时，就很难操控短棍，也很难保证准确度。近距离范围内也可以用棍尖戳击，但这需要将手向后拉，以使棍尖瞄准目标，这一过程中你会极易受到攻击。因此，这些击打技法最好在中距离应用。

　　在棍尾杵击后紧跟着进行棍尖击打，可以使击打力加倍。一开始的棍尾击打往往会产生后坐力，为后续用棍身或棍尖击打留出足够的空间。

棍尾击打在先，棍尖击打随后

对手正压制着你的持械手

用棍尾向内侧钩挂，向下猛拉他的非持械手，从而让出格斗线

用棍尾向前杵击其颈部和下颌区域

紧接着顺势用棍尖击打他暴露出来的颈窝

胡巴德

　　胡巴德（Hubud）是一种多功能的灵敏度训练方法，让你学会近距离格斗中的压制和格移。它的发音是"hoo-bud"，实际上是 hubud-lubud 的缩写，这在菲律宾语中是"系上—解开"或"缠起—解开"的意思。该训练教你如何阻截并击偏对手的击打，然后始终与其紧密接触，从而对其加以控制，占领优势地位。

　　基础训练只包含四个重复动作，需要搭档配合完成。开始时，双方处于近距离范围，其中一方对搭档颈部做水平正手击打 3。另一方进行格挡或格移，巧妙引导对手错失预定目标。一旦其短棍越过中线，对其持械手的控制权就会转移到防御方的持械手上，然后非持械手重新压制其持械手，持械手松开并进行反击。该练习会一直重复这一相连—松开的过程，直到一方使出关键一招。

　　胡巴德的动作原理可以用来应对各种角度的棍尾击打，包括水平正手击打（如上所述）、垂直击打、水平反手击打和直拳击打。该练习甚至还有低位版本。

胡巴德

与搭档面对面

A 从右侧水平发起棍尾击打；B 拧身做左侧格挡，肘部不要抬高

B 在肩膀转向正前方的同时，右手顺势在头顶进行格移，但不要打破原本的攻势

B 在向右转体的同时压制对手手臂

然后再次重复这套动作，这次换 B 从右侧水平发起棍尾击打，A 来进行格挡

A 用右手在头顶进行格移

A 压制住 B 的手臂

再次换 A 来开始这套动作

"A"形锁

胡巴德作为一种训练框架，可以用来练习各种击打、诱敌、锁制和缴械技法。

"A"形锁是一项简单的技法，可以引诱对手，困住其持械手臂。练习时要注意控制力度，否则很容易伤到对手的肩膀。

"A"形锁

这是一项臂锁技法，可以应用在胡巴德的第一个动作中

对手用棍尾斜向下对你使用击打 1

进行高位格挡

将短棍抬高，伸至对手持械手臂后方

双手相握

将对手手臂向后向下扳拧，注意与其肘部保持 90 度，以达到最佳效果

在向后扳拧其手臂的同时，用短棍击打其面部。此时若用力摇动其手臂，可能会导致其肩袖受伤或脱臼，也可能两者兼有

压臂

"A"形锁的关键在于尽早在对手挥棍时抓住其手臂，压臂则是在头顶格移之后再锁住其手臂。拉住对手手腕使其手臂伸直，然后用肘部压住对手肘部后侧。

压臂

用胡巴德的前两个动作，格移对手的棍尾击打

用棍尾钩住对手手腕，左手辅助抓握，将其手腕向右下方拉

用左肘抵住对手伸直的手臂

钩住对手的短棍猛地后拉，使其脱手

摔技

胡巴德还能创造多个将对手摔倒在地的机会，包括扫腿摔、背投，以及接下来要介绍的压颈摔。

压颈摔

对手发起近距离击打

用胡巴德的前两个动作进行格移

格移的同时，用非持械手抓住自己短棍的前端

用短棍中部向下按压对手颈窝

这样的压力会使对手作出对他不利的防御性反应，
从而失去平衡，这足以让你将他摔倒在地

用非持械手压制对手的腿，防其踢蹬，同时调整好
姿势，准备在必要时继续击打

钩挂

在近距离格斗中，可以用棍尾钩挂对手手臂或小腿。

钩挂小臂

该技法要求握棍位置上移一些，以增加棍尾的长度

用延长的棍尾钩住对手的手臂

一旦钩住他的小臂，非持械手就迅速从下面抓住自己的棍尾，沿右小臂骨嵴方向用力下压，把对手的手臂夹在中间

为避免受到对手非持械手的击打，在用力实施锁技时，要把头部向内收，避开他的击打

一旦对手失去平衡，就迅速向左扭转，将其摔倒在地

两端握棍

　　两端握棍在近距离格斗中非常有效，因为这样你在用棍身进行击打的同时，还可以用任何一端进行棍尾击打或钩挂。在使用两端握棍技法进行格斗时，要自然地握住短棍两端，手指紧紧握在棍上。

交叉压制

　　在冰球运动中，交叉压制指的是"双手握住球杆，用中间部分用力压制对

交叉压制

双手各握住短棍一端。故意放松防御，暴露出头部，吸引对手发起击打

当对手正要出击时，迅速跨步近身，双手同时出拳，将棍身中部向前推动，穿过他的高位区域，从而完成交叉压制

格挡—滑动

从中距离开始，暴露出头部以麻痹对手

当对手用击打 7 垂直击打你的头部时，用非持械手握住短棍另一端，两手握棍进行格挡

如果你发现自己一开始无法直接击打到对手的持械手，就在向前压制其短棍的同时，沿其棍身向下滑，用你的棍身中部猛击其持械手

紧接着用棍尾击打对手的面部

手"，该动作因极易使人受伤而属于违规动作。考虑到冰球运动的激烈程度，我们练习这些技巧时一定要小心谨慎。

两端钩式缴械

两端握棍让你可以用短棍的任何一端钩挂对手的短棍或手臂来解除其武器。

两端钩式缴械

从中距离开始，双手分别握住短棍两端，暴露出头部来吸引对手出击

当对手出击时，向上向前格挡

当右手擦过对手手腕时，继续压制其短棍

右手向下扫，用棍尾钩挂其持械手，将其短棍拉向自己，用身体卡住它

向后撤步，身体急速扭转，钩式缴械

交叉压制和臂锁

交叉压制可以用来格挡中距离击打

当对手进攻时，用非持械手抓住你短棍的另一端，用足以将其击碎的力道猛击对手的持械手

随后可用棍尾击打其头部

继续压制其短棍，同时钩住其肘部内侧

右手下压，锁住其手臂，让其肘部始终成一个直角

右手快速向下向前击打其棍尾，解除其武器

抱腿摔

这是快速将对手摔倒在地的绝佳方法。从远距离开始，暴露出头部来引诱对手

近身的同时用屋脊格挡进行防御

用非持械手向右格移其击打，同时挥棍至其两膝后方

将头贴于对手右髋，同时棍尖迅速从膝盖高度绕腿一周，并用非持械手抓住短棍另一端，向后向上拉，同时用肩膀撞击对手腹部，将其撞倒在地

此时可以用短棍将对手翻转过去

用膝盖顶压住对手，使其无法转身，这样可以腾出武器，在必要时继续击打

绞技

与缴械一样，扼喉通常具有偶然性。也许格斗开始时这并不在你的计划中，但格斗过程中你可能会发现自己的位置恰好适于使用绞技，因此掌握这一技法是很有必要的。

使用绞技时要非常小心。这一点怎么强调都不过分。有些绞技会将巨大的压力集中在棍尾，有些则是用棍身挤压对手颈部。无论哪一种都会压迫对手的气管，这还不是最严重的，重点是咽喉肿胀会进一步阻碍呼吸，导致对手重伤或死亡。

獠牙绞

在近距离范围内，短棍短的一端一般比长的一端更容易扼住对手咽喉，因为长的一端更容易被对手抓住。用棍尾进行扼绞的技法通常被称为獠牙绞。

獠牙绞

留出一个缺口，吸引对手攻击

对手从右侧出击

使用胡巴德的前两个动作，在头顶格移对手的击打

左手顺势推其右肩借力，将其向左侧转动，同时将棍尾移向其颈部

移动至对手身后的同时，持械手掌心朝上，将棍尾插向其咽喉

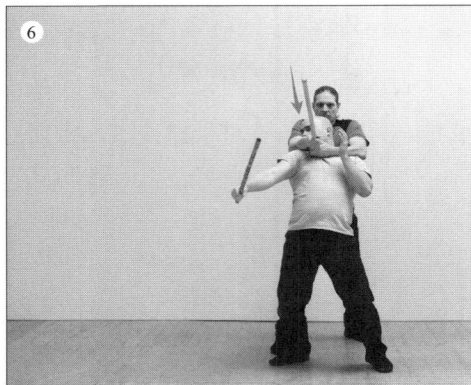

左手协助绞颈。将对手固定在你的身体和短棍之间，同时双手用力向后拉

十字绞（裸绞）

十字绞与獠牙绞类似，但不是将棍尾插向对手咽喉，而是用棍身压迫其颈部。

需要注意的是，从后方扼绞身高远高于自己的人难度很大。但不必担心，猛踹对手膝盖后侧可以迅速将高大的对手放低至你需要的高度。

獠牙绞转十字绞

对手推你的手以减轻其咽喉处的压力，意图借此反击

松开左手，抓住短棍另一端

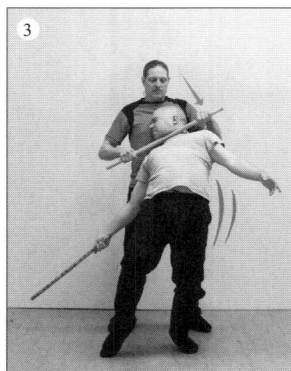

将手向自己左肩方向回拉，短棍横在对手咽喉处，同时双手用力向后拉

颈部钩绞

颈部钩绞是一种极具破坏力的绞技，它能引起强烈的痛苦，即使最强壮的对手也会因这种疼痛而跪倒在地。这是一种针对血管的绞技，施于对手颈部两侧，可挤压向大脑供血的颈动脉至其闭合，使对手昏迷。这种绞技伤害力极强，因此在与搭档进行训练时要非常小心，尤其要注意只针对颈部两侧施压，因为正面可能会压迫气管。

颈部钩绞

将握棍位置上移一段距离，让棍尾长至足够钩住对手颈部

用屋脊格挡防御对手的攻击，用非持械手压制其持械手

与此同时，右小臂找向对手颈窝

非持械手迅速从下面抓住棍尾，棍身沿右小臂边缘骨嵴方向用力挤压，将对手颈部夹在两臂中间

向右扭转身体，将对手摔倒在地

压制对手，并在必要时进行反击

训练器材：压缩仿制假人

小臂钩绞、颈部钩绞和其他压迫技法都会给人造成强烈的痛苦，因此无法用这样大的力度与搭档一同训练。要针对这些技法进行力量训练，需要一个大小合适、能承受一定压迫力的物体来模拟颈部或两臂。

要练习小臂锁绞，可以用胶带把两根包裹着衬垫的棍子缠在一起，模拟小臂的两根骨头。请搭档挥动它来模拟手臂，而你用棍尾钩住它并施加压力，无论用多大力度都可以。转动身体，将假手臂从搭档手中猛然拉出。想象一下，如果向真人的手臂施加同样的力量会怎样。压缩仿制手臂的设计图可参见本书末尾附录。

要练习绞技，可以制作一个更能准确表现头部和颈部结构的假人。将一块泡沫橡胶或旧地毯卷起来，便可以很好地模拟颈部，在顶部再多缠一块，即可表示头部，然后用胶带将其整个包裹起来。设计图同样参见本书末尾附录。

压缩仿制手臂

小臂锁绞

让搭档向你挥动一条假手臂

在对手发出击打时进行钩挂并挤压。由于挤压对象不是真人，你可以尽可能地施最大力

转动身体，将假手臂从搭档手中猛然拉出

用假人演示三种不同的绞技，从左到右依次是：十字绞、颈部钩绞和獠牙绞

第 6 级训练指南

目标：提升近距离格斗所需的技能，用时 60~90 分钟。

1. 热身：15~20 分钟。 先做一些轻度拉伸，动作示例参见本书开头的指南。然后跳绳 5~10 分钟。再做一些轻度拉伸，直到心率恢复正常，然后拿起短棍练习一些基本动作。记住你还在热身，所以动作要慢，利用这段时间来完善技术。

2. 胡巴德：15~20 分钟。 在近距离格斗中，训练接触性感知力的最好方法之一，就是与搭档一起练习胡巴德。记住，胡巴德本身只是一种模式，关键在于你在其中用到了哪些技法。你甚至可以借此练习獠牙绞和獠牙绞转十字绞。

一定要谨记，这不是对战，而是合作性的灵敏度训练，因此双方都要把动作放缓，在击打时控制得当，不要用力过猛。保持练习的连续性，从锁技或绞技直接顺势回到胡巴德的练习中，从而尽可能多地重复练习。

3. 两端握棍：15~20 分钟。 练习两端握棍，从基本的头部交叉压制开始，然后练习交叉压制格挡和缴械、格挡滑动和击打、压颈摔、钩挂小臂、抱双腿摔以及两端钩式缴械。

4. 绞技：10~20 分钟。 小心谨慎地与搭档一同练习獠牙绞、十字绞、獠牙绞转十字绞，以及颈部钩绞。一定要非常小心，因为颈部的任何损伤都可能阻碍呼吸，导致重伤或死亡。你可以用压缩仿制假人来进行力量训练。

5. 降温：5~10 分钟。 花几分钟时间，将身体从格斗或闪避状态调整到休息或消化状态。现在可以进行静态拉伸，来增强身体的柔韧性，并使肌肉中累积的乳酸进行分解。

训练记录： 不要忘记继续用训练日志记录每一次训练。设定新目标，不断鞭策自己，保持动力，让自己在训练中充满新鲜感和刺激感。

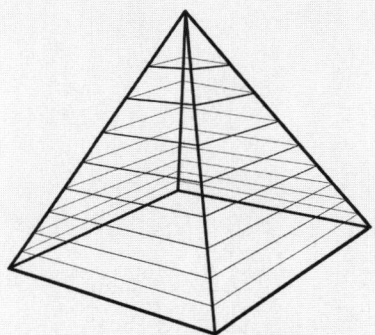

第 7 级　单棍对战训练

Level 7: Single-Stick Sparring

关键时刻：准备战斗！

希望你已经在第 1 至 6 级的课程中进行了艰苦的训练和充分的学习，因为现在是时候看看你能否用学到的知识对抗真正的对手了。第 7 级的重点是将所学知识融会贯通，形成个人的短棍格斗方法，并通过与反抗型的对手进行对抗，来测试你的方法。

刚开始进行短棍对战时，感觉别扭是很正常的。毕竟这和跟搭档一起训练有很大区别，你会经历与对手搏斗的混乱场面，对手在竭力避免被你击中的同时，也在反过来攻击你。坚持下去，这样说不是在暗示什么。你的技术也许一开始不太奏效，你会被击中，这可能是家常便饭，有时甚至还会受伤。你必须处理好这个问题，让自己放平心态，享受格斗术训练带来的兴奋感、克服困难带来的满足感，以及知道自己的技术能在需要时为我所用的自信。

对战时应使用特殊装备，包括专用的包棉短棍和护具。同时还要牢记，这只是模拟实战，再多的软垫和护具都抵不过良好的情绪、技术和控制力给人的保护。实际上，参与任何有关身体接触的运动都可能会受伤，所以请记住，你并不想真的伤害你的搭档，至少我希望如此。你们应该就双方都能接受的击打力度以及其他规则进行讨论，如就"禁止踢打"或"摔技要有所控制"等达成一致。当双方都适应了这些基本规则，就可以慢慢开始进行小力度的格斗。这既是身心的热身时间，也是摸清对手底细的好机会。一段时间之后你们就可以逐步进阶，直到达到一个双方都能接受的强度。

对战中头脑要保持清醒，切勿失去冷静。有一种情况很常见，就是说得天花乱坠，以为能够做好，却发现自己在实际压力下反应完全不同。坚持自己的对战计划，做几次完整的深呼吸，用鼻子吸气，直到肺部被充满，然后用嘴呼气，这有助于保持冷静和专注。比起"看谁命中率更高"的简单心态，冷静专注的训练心态更有助于提高用棍技能。虽然对战很有趣，但你必须严肃对待，时刻牢记：如果使用真正的武器，那么只要一击，哪怕只是击中手部，都可能起到决定性的作用。要记住，良好的防御至关重要，尽量预测对手的击打目标，然后进行格挡或闪避，但切记光靠防御并不能赢得比赛。至于具体的格斗战术，则要保持灵活，不断适应瞬息万变的格斗环境。最重要的是要刻苦训练，并在注意安全的同时享受乐趣！

> 趁对手变换位置或收回武器时出击。
>
> ——李小龙《截拳道之道》

防护装备

有几种方法可以让你在与真正的对手对战时，无须太过克制，也能在安全前提下磨炼用棍技能。秘密在于将两个关键部分恰当组合起来：良好的护具和包裹恰当的武器。在过去的几十年里，我创造并试验了许多不同类型的盔甲和武器，并用数小时的全接触对战来进行测试，有些效果格外显著。我将首先介绍包棉武器，因为它们安全性最高，所需装备也最少。然后我会介绍你能找到的最好的盔甲，让你最终能使用无包裹的藤棍进行全接触对战。

训练器材：包棉短棍

挑选包棉短棍必须擦亮眼睛，一些市场上出售的产品并不适合对战。不要选用任何自称包裹泡沫海绵的硬质 PVC（聚氯乙烯）产品，因为根据我的经验，它们虽然价格低廉，但通常不适合用于对战，哪怕只是中等强度的对战。这些泡沫通常很薄，容易撕裂，内芯材质有时也很脆，易于折断，而且 PVC 一旦折断，断口十分锋利。

我自己在家用 PVC 制作的格斗棍效果更好。用随手可得的材料即可制作结实耐用、价格低廉的包棉棍。本书的附录介绍了如何用闭合的管道隔热材料完全包裹 PVC 内芯，两端加上厚实的泡沫帽，便于用来击打，然后再整个缠裹上一层光滑的管道胶带。

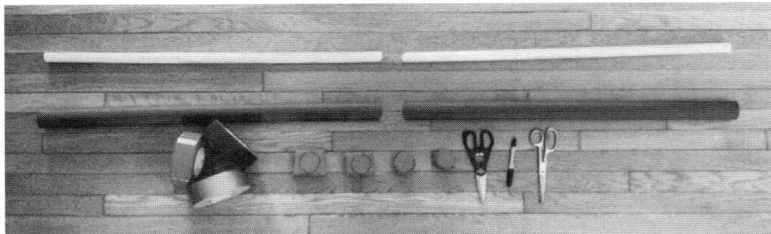

自制包棉短棍所需的全部材料

了解一些 PVC 的相关知识对于自制包棉棍非常重要。PVC 是一种容易获得且相对便宜的材料，一般有两种类型。一种叫作硬质聚氯乙烯（RPVC）或未增

各种 PVC 和塑料管（左）。一定要用样品进行挤压测试，看它是否适合用于制作包棉棍（右）

塑的聚氯乙烯（UPVC），这种 PVC 往往很脆，因此不适合用来制作包棉棍。另一种是普通 PVC，它们添加了增塑剂，因此比 UPVC 更柔软、更有弹性。这种稍软的 PVC 多用于建筑行业，在大多数五金店都能买到。

要测试一种 PVC 是否适于制作包棉棍，可以取一小段进行挤压测试。将样品钳住或放在坚硬表面上，用重锤敲击，增塑 PVC 会折叠、压缩，而脆性 PVC 则会碎裂。因此在测试时要戴上护目镜，还可以用纸巾包住测试样品末端，防止碎片飞溅，也便于清理。一定要记住只能使用抗冲击的 PVC 来制作包棉棍！本书后面的附录中有自制包棉棍的详细指南。

市场上的包棉短棍

虽然可以自制包棉棍，但商业化生产的包棉棍一般质量更好，通过看其包裹的布料就很容易将其与廉价的泡沫 PVC 短棍区分开。这些高质量的包棉短棍重量轻、硬度高，经久耐用。生产优质包棉棍的品牌包括 ActionFlex、Bunal Brand 和 STIX 阿尼斯护具。每天都有新产品问世，所以我建议上网搜索，看有哪些选择。

护甲

使用包棉短棍对战时，一般只需穿戴最低限度的护具即可。通常情况下，有一个保护头颈的击剑面罩或艾斯克瑞玛面罩、一双护手的包棉手套、一个保护腹股沟的护裆就足够了。不过，如果你想用无包裹的短棍进行格斗，最好穿上全身护甲，把肘和膝也保护好。最后，你要尝试使用不同类型的护具、软垫和护甲，保护好小臂、肘部、膝盖、躯干等部位，直到感受到足够的安全和保护为止。先生们，我再重复一遍——戴上护裆！

包棉短棍对战　　　　　　　　　全接触对战

包棉短棍对战所需的防护与真正的短棍格斗所需的防护

手套

　　空手道使用的泡沫拳套可以很好地保护手部和指关节，但它不是为握持武器而设计的，因此拇指会暴露在外，容易受伤。摩托车手套的塑料部分可以保护手指和指关节，防护效果很好，看起来也很酷。ActionFlex 还生产了一种包棉长手套，适用于包棉短棍格斗。在大多数五金店都能买到的焊工手套通常很厚实，足以抵御大部分击打，适合在轻度接触对战中使用。

　　在使用无包裹短棍对战时，长曲棍球和曲棍球手套能很好地保护手部，但即使戴上这种手套，手指有时还是暴露在外，容易受到重击。守门员手套专门加厚了包衬，能重点保护容易受伤的拇指。

从左到右依次是：摩托车手套、ActionFlex 包棉手套、皮制击剑手套、长曲棍球手套，
以及皮制半臂手套

头盔

大脑在头部，因此要多加保护头部。此外，脸部击打造成的疼痛感很强，还可能花费昂贵的医疗费用，我对此深有体会。一次精准的颈部击打能致人昏迷，甚至更糟。因此，买一个好头盔来保护头部和颈部非常有必要。空手道用的泡沫头盔会暴露脸部，起不到保护作用，因此应当避免使用。

击剑面具的防护作用较好，尤其能很好地保护面部，但不能保护颈部两侧和后脑。HEMA[1]（历史悠久的欧洲武术）用的面具往往更为坚固，并配有额外的面罩，能提供更多保护。

使用包棉短棍进行格斗时，我更喜欢 Proforce Thunder[2] 生产的包棉护头，上附一个面罩，这种设计能全方位保护头部。面罩上孔洞很大，便于呼吸和视物，却也因此无法抵御无包裹藤棍的戳击。因此，在使用无包裹短棍进行全面接触格斗时，我会佩戴更厚重的艾斯克瑞玛头盔，它面罩上的格栅更密，头盔四周都有衬垫，还有一个大围兜能从正面及两侧保护颈部。

无论选择哪种头盔，都要确保你使用的武器无法穿过面罩上的孔洞。

从左到右依次是：击剑面具、HEMA 面具、包棉头盔、艾斯克瑞玛头盔

全身护甲

最好的全身护甲当属专为短棍格斗设计的艾斯克瑞玛背心。它一般是一件罩衫样式的长衬衫，可以在身后系紧。背心上缝有橡胶板或塑料板，可以很好地缓

---

[1]　译者注：全称为 "Historical European Martial Art"，广义上包括所有欧洲历史上曾存在过的武术，无论是徒手还是兵器，战场还是民间，着甲还是无甲。

[2]　译者注：亚马逊网站品牌名。

冲棍击的冲击力。不过，它无法保护手臂和腿部。大多数艾斯克瑞玛背心都笨重且宽大，不过一些公司正在开发外观更时尚的护甲，特别是 STIX 阿尼斯护具。我建议你上网搜索，寻找可购入的产品。

也可以选择特警装备或防暴装备。它们防护性能好，也很便于活动。全套装备可以保护手臂、腿部甚至脚部。它的缺点是价格昂贵，而且必须非常合身才行。

你还可以选择运动护具，如曲棍球、长曲棍球、越野摩托车、越野自行车或跆拳道护具。由于每种护具都是为了在不同使用场景下提供特定的保护，但没有一种是专门针对棍棒格斗的，因此它们往往会使一些你可能更希望得到保护的部位暴露在外。不过，有保护总比没有强。

HEMA 的习练者大概对包棉软甲不陌生，这是一种加衬棉的衬衫，在轻度到中度接触格斗中提供足够的保护。厚重的击剑背心也很有效，特别是在包棉短棍格斗中。用无包裹的短棍进行全面接触格斗则需要穿戴更厚重的护甲，通常是皮甲、锁甲，或两者组合起来。要想达到最大防御强度，没什么能比得上熟皮甲或更坚固的钢板甲，但对短棍格斗来说，可能有些过头了。

从左至右依次是：击剑背心、艾斯克瑞玛背心、STIX 全身护甲、摩托车护甲

比赛形式

当你与搭档对战时，双方都应该熟知比赛规则。比赛类型不同，规则通常也不同。

计分比赛

在格斗中，第一击会对接下来的比赛进程产生很大影响。计分式格斗和如今大多数空手道比赛相类似，区别只在于多了武器。在这些比赛中，最先打出坚实一击的选手将获得一分，有时不同难度的目标分值不同。例如，击中手或手臂可得一分，而击中头部可得两分。这些比赛通常在远距离进行，偶尔也会在中距离进行。在锦标赛中，裁判和仲裁负责判分，但你们有时可能没有裁判，或不希望有裁判。一般来说，自己判分对你和搭档来说很简单。如果双方对得分有争议，就随它去，继续比赛。毕竟重点在于格斗，而不是争论。

连续比赛

连续格斗受到西方拳击的启发，规则是选手持续格斗到回合结束为止。传统的菲律宾短棍格斗通常包含三个回合，每回合持续一分钟。最终得分也像拳击一样，由裁判依据十分制来打分。如果双方都技艺高超，大多数回合会以十比九结束，占优势的一方得十分，另一方得九分。如果一方被缴械，裁判会多扣他一分，然后该选手重新拿起武器，继续比赛。这种比赛通常在远距离和中距离区域进行，并有严格的规则，禁止棍尾击打、擒拿、摔技、双手握棍用棍身击打，以及其他被认为在比赛中过于危险的内围技法。

内部规则

虽然对脆弱的目标发出精准一击可能会结束一场格斗，但事实上，由于人体韧性很强，一次击打通常无法结束格斗。为了获得更真实的格斗或对战体验，应顺其自然地进行每一次交锋，然后休息并重新开始。你可以判定最初的一击足以终止比赛，然后就地重赛，也可以判定一击没能直接终止比赛，然后继续对战直到一方认输。这是我最喜欢的比赛形式，因为这也许是检验自卫棍术最实用的方法。我们的内部规则通常是"不伤害，不犯规"和"不说结束就不算结束"。除此之外，一切都顺其自然。只要你有足够的技巧和很好的控制力，就可以使用踢技、拳击、棍尾击打、摔技，甚至使用短棍缠斗。如果被缴械了呢？那就继续战斗，直到感觉自己无法再坚持下去为止。

控制格斗局面

我的第一位空手道老师总喜欢说："年长和经验每次都能打败年轻和技巧。"当时，我是她的高年级学生，她时常拿我试手，来向全班同学证明她的观点。她经验十分丰富，很容易预测我的动作并加以控制。现在 30 多年过去了，我很高兴自己也积累了许多经验，而这都来自长时间的不断练习。想要拥有大量的经验来傍身，除了大量练习以外别无他法。当然，我也很乐意在此分享我的习练心得。让我们来一窥究竟吧！

了解自己（知己）

《孙子兵法》中有一句著名的中国谚语："知己知彼，百战不殆。"乍一听起来似乎很简单，但"知己"究竟意味着什么？"知彼"需要了解对手的哪些方面，又该如何去了解呢？在短棍格斗中，这些问题是决定胜负的关键，非常值得思考。让我们从自我审视开始吧。你对自己的了解有多少？

了解你的身体优势和能力。你属于哪种体型？是瘦长型，还是矮壮型？你的心肺功能否让你在格斗中保持精力充沛的节奏，还是你需要稍微放慢节奏来节省体力？你的性格是积极进取、喜欢制造机会的类型，还是更喜欢采取防御和即时反应的类型？

你的优势是什么？没错，是手里的短棍，那就说回短棍！你的短棍属于哪种类型？有效击打范围多大？棍身短还是长？更适合远距离格斗还是近距离内围格斗？拿在手里重还是轻？掌握这些信息之后，就需要凭直觉判断如何更好地使用这一特定武器。练习时所用过的短棍类型越多，就越容易进行判断。

了解在特定情况下哪种技法最适合你。比如面对进攻型对手时，你最喜欢用哪种技法？面对防守型对手时呢？你最喜欢哪种近身技法？最偏爱使用哪种技法诱导对手出击？

你的弱点是什么？现在找出它们，以后就可以通过训练来弥补。你最常被哪些技法击中？你是否暴露了头部，或是前侧腿伸得太远而导致暴露？你是否常常过于激进、草率或自负？你是否过度防备、紧张或容易上钩？

除了解自己之外，了解自己所处的环境也极为重要。你在哪里？对手是谁？这属于哪种类型的格斗？是体育比赛吗？如果是比赛，那是计分赛、连续赛还是内部规则赛？还是处于自卫情境？你面对的是酒吧里的醉汉、想实施抢劫的歹徒，还是情况更糟？你能否避免冲突，或者逃跑？每种不同的情况都需要采取不同的方法。

了解对手（知彼）

在格斗前进行自省训练有助于了解自己，但要想了解对手，通常只能与之交手。交手的重点在于解读对手的动作，如果能准确预测他要做什么、何时做，就能占领先机。

读懂对手的关键在于学会观察。不仅要看，还要知道看什么。注意那些能泄露对手能力和意图的微妙线索或蛛丝马迹，它们可能以多种形式出现。在开始格斗的第一时间观察对手，这将有助于选择击败对手的最佳战略和战术。

首先，注意对手的身体特征。他比你高还是比你矮？如果比你高，他的臂展和步幅也会更大，如果比你矮，情况则通常相反。他是精瘦还是健壮？体格健壮的对手通常比肌肉过分发达或大体重的对手更快更灵活。

如果对手的握棍姿势类似于击剑，那他实际上已经放弃使用非持械手了，这可能是在为远距离格斗作准备。另外，对手直面你时，可能是在寻找机会格挡和反击。

对手谨慎胆小还是激进好斗？观察他哪些部位似乎很紧张。他的持械手臂紧张吗？那么他可能在考虑进攻，因此你要做好快速进攻的准备。他准备用正手还是反手击打？如果他像握剑一样将短棍举在面前，那就两者皆非，他必须先做一

读懂对手

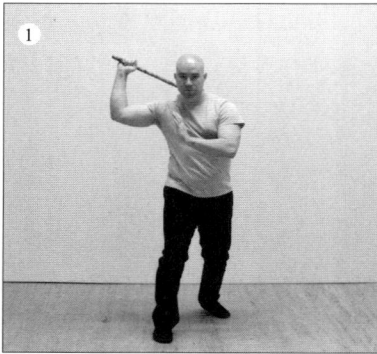

他采取了何种防御策略？从他握棍的姿势就能看出他击打的出发点。比如高位开放式防御显然是击打 1 的信号

高位闭合式防御则是在为击打 2 作准备

低位开放或闭合式防御是在诱导你攻击其头部，如果你上钩，他很可能会击打你的持械手（图 3 和图 4）。但这些只能作为参考，实际上可以从任何既定的防御姿势进行任何角度的击打

个预备动作才能发起击打。从他的眼神中，你可以清晰判断出他想对哪个高度范围发起攻击。

从对手的动作中寻找规律。当你向前移动时，他是直接后退还是绕步？他喜欢用哪些技法？习惯短促快速地击打还是大幅度全力挥击？如果他使用快速击打，那么他可能更注重防御和保护自己的中线。一般来说，大幅度挥击不利于控制自己的中线，也就很难控制格斗线，从而会影响整场格斗。你可能要吃几次亏才能领会这一点，但对手每次进攻时你都应该注意收集信息，以便随后用来对付他。

对手进攻时是否会做出预备动作，例如将持械手臂向后拉，为挥棍做好准备？注意观察他的姿势或防御有无变化，只要他一动，甚至在没动之前，姿势的变化就能提前暴露他的意图。

他下半身的哪个部位在发力？如果一条腿受力或弯曲，就能明显暴露他的意图。是前侧腿吗？后侧腿是否伸直？如果是，就足以说明他正在采取防御策略。时刻牢记，他可能是在引你上钩。他的前侧腿很可能已经做好了后退的准备，能刚好撤出你的击打范围，避开你的攻击，然后当你的短棍与他擦身而过时进行反击。

防御姿势

对手后仰　　　　　　　　　　　这是他已准备好快速撤退的信号

对手是否后仰？如果是，他可能正在准备撤退。你可以试着前倾或跨步，以加大击打的力度，但他只要向后跨步或跳跃就能退出击打范围。不过，如果距离超过一两步，你向前移动的速度会比他向后移动的速度快。因此，在高位格挡的同时前冲可能更有效。

进攻姿势

对手身体前倾，后侧腿蓄力　　　这是他已经蓄势待发，准备前跃的信号

又或者，他是否身体前倾，后侧腿像弹簧一样蓄力？如果是这样，你要格外小心。这是一种更具攻击性的姿态，因为他已蓄势待发，准备前跃。你要准备好采取防御战术，比如向外绕步，以防对手前冲。更好的做法是诱导他前冲，在他冲过来时侧身躲过并击中他。这是一个通过引导对手作出错误反应来控制格斗局面的典型范例。

观察对手面对明显攻击时的反应。例如，如果你向下垂直击打他的头部，他是后退还是在头顶进行格挡？无论他作何反应，你都能轻易引他再做一次。而你就要趁此机会，用假的初始动作诱导他，在他作出反应动作之前，顺势转而击打他另一处没有设防的部位。

相同地，对手也会敏锐观察你可能透露出的任何线索，试图读懂你。要放松，让自己难以被预测，注意不要泄露你的意图。通过控制战斗的节奏和范围，掌握主动权，并领先对手一步。你知道对手希望你做什么吗？他希望你建立一种节奏或模式，以此来更好地观察你。当你发现他的企图，你就要在中途打破这种节奏或模式。

三步法则

诱敌是西方拳击中常见的战术，即故意留下破绽来让对手攻击。这似乎违背人的直觉，但却能制造反击的机会，同时能预料到对方会发起攻击，所以会提前准备好闪避或防御。三步法则可以帮助你在合理的战略基础上制订各种有效的战术，从而创造有效的诱敌技法。

三步法则如下：

（1）给对手留一个他无法拒绝的破绽。

（2）耐心等待，直到他下决心出击。

（3）抓住你预料中他会暴露出的破绽进行反击。

三步法则有许多不同的应用方式。例如，由于惯用的击打方式之一是从右上向左下斜向击打，因此将头部暴露在外能吸引对手出击。他一旦上钩，就会快速猛烈地攻击，而且很可能在空当出现的一瞬间就出击，这时你千万不能走神！准备好在他出击的一瞬间进行格挡，并立刻反击，持续击打到他被完全制服为止。

此外，你可以将前侧腿伸到较远的位置，防备对手冲进格斗范围并试图攻击你的膝盖。如果他这样做了，就收回前侧腿，同时向下击打他暴露出来的手臂。

要学会使用三步法则来巧妙地引对手入局，关键在于花上数小时与搭档一起慢速练习。在练习时留出空当，让搭档像自由格斗时一样进攻，只把速度减半，反应和反击速度也减半。放慢动作可以让你集中精力完善技巧，快速凭本能动作则无法让你在动作实施过程中进行分析和评估，而进步和提高恰恰发生于速度放慢的这段时间。利用这段时间学习如何观察、感觉和变换动作。速度稍后会自然而然地提高，到那时，你的技法变换会快速流畅而不显匆忙。

> 见其一，便知其二。
>
> ——宫本武藏《五轮书》

总体战略

在与对手交锋时，最好先制订一个经实战检验证明合理有效的总体战略。尽管更建议大家根据实践经验制订专属于自己的总体战略（即一套由相应战术组成的不同战略），但我发现，以下的总体战略若能得到积极运用，便足以有效对抗大多数对手。

最好在全速、全接触的比赛中学习总体战略，双方或穿戴护甲，或使用包棉武器，或两者兼有。该战略简单好记，应用广泛，只需两个阶段就能让你取得胜利。

开局阶段应从外围格斗入手。始终处于对手击打范围之外的同时，一旦对手试图进入你的击打范围（死亡圈），就通过不断击打最近的目标（通常是手、前膝或脚踝）来试探他。记住一定要避免被击中。这段试探期可能不会持续太久，你必须做好随时进入第二阶段的准备。

当对手意识到他在承受伤害的同时却没有造成任何伤害时，第二阶段就开始了。对手越机智，就能越快意识到你成功的秘诀是远距离外围战术。然后，他们一般会尝试用同样的远距离战略来拉平战局。然而，不平衡的局面才最容易产生胜利者。因此，虽然你可以迈出几步来进行远距离格斗，但一有机会就应立刻通过屋脊格挡或格移近身。进入内围后，转而使用中距离战术，用非持械手压制其武器或持械手，同时用棍快速击打。由于你从两侧快速击打，对手在奋力格挡或反击时会被瞬间击败。这是尝试缴械的绝佳机会。

一旦对手建立起稳固的防御，你就应立即撤离，以一定的角度退回远距离区域。不要直线后撤，不然很可能会被对手反击。重点是后撤过程中要全力猛烈击打对手以防止被其反击，同时寻找下一次击打的最佳角度和目标。

注意不要让对手以你之道还治你身。将对手控制在远距离区域来控制格斗局面，除非你认为有必要再次进入中距离。那通常是在对手灵机一动，认为自己可能在外围战中会表现更佳之后。这样你就可以总是领先对手一步，只要他不断追赶你的步伐，你就总能占据格斗优势，因为他会陷入重新定向的怪圈，从而无法采取有效的战略。

记得将总体战略与你已学过的知识结合使用，包括佯攻、组合技术、诱敌以及其他技术，同时切换距离区域和握棍手法，来智取并最终击败对手。终极目标是将你掌握的各种技术完美结合在一起，在击中对手的同时又不被击中。

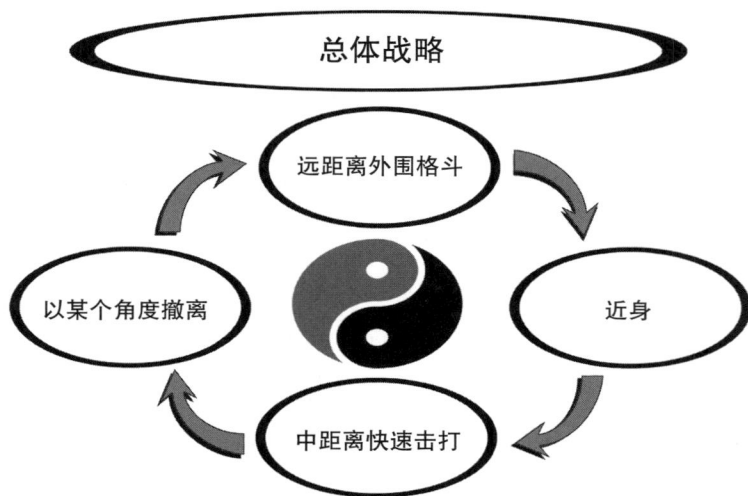

其他技巧

控制格斗局面的方法很多。下面介绍的其他技巧，你可以利用起来，成为一名更好的战术家和格斗家。

首先，记得要呼吸！格斗可能非常可怕，即使只是一场比赛，也会让你的身体切换到战斗或逃跑模式。一旦交感神经系统启动，你就会口干舌燥、呼吸变快、心跳加速、胃部翻腾。做几次深呼吸，就能改善以上情况，重新获得身体的控制权，从而能集中精力完成眼前的任务。在整个比赛过程中都要一直平静地呼吸，在激烈的短棍格斗中为身体提供足够的氧气。

其次，要掩饰你的意图，无论是进攻还是防御。所有动作都从身体中心发起，可以让你避免过早地作出反应或过度投入行动，还能尽可能地掩盖你的意图，让对手的反应时间缩到最短。

如果对手全力挥击或没有很好地守住中心，你可以在他击打的间隙出击。短棍格斗中的大多数情况都是如此，能预知对手会使用什么技法总是好的，因此首先要吸引对手出击。当他出击时，侧身避开他的击打范围，与其擦身而过，然后趁其不备立即出击。

很多时候，想让对手做某种特定的击打，你可以先用同样的击打来吸引他。对手往往会不自觉地模仿你，随后以同样的击打来回应。你的任务就是作好准备反击该技法，然后静观其变。你还可以用佯攻来吸引对手出击。身体绷紧，就像马上要移动或出击那样，但一旦对手作出反应，你就停下来，让他的短棍与你擦身而过，然后趁他失去平衡和在击打间隙中暴露弱点时出击。

最后，控制格斗节奏非常重要。你可以利用自己的动作，从心理上操纵对手。如果他属于攻击型，你就假装软弱或胆怯，让他因过于自信而莽撞进攻，而你则随时准备反击。如果他属于防守型，你就可以自信而有力地出击，以此来恫吓他。当然，聪明的对手也会试图欺骗你，一定要谨防，避免落入陷阱。

最好能经常与各种各样的对手在对抗中练习这些技巧。要将每场比赛都视为学习和积累经验的新契机，并认识到每个对手都能教给你新东西，只要你乐于接受。回看比赛录像是跳出比赛的混乱场景得以冷静分析的宝贵时机。

集中注意力

无论是音乐、写作、舞蹈、绘画、格斗，还是任何其他表达形式，专注度都是作品成功表达的重要因素。缺乏意志力和专注度，短棍格斗就只能停留在练习层面，价值意义和实际效果都十分有限。

那么训练专注度的关键在于什么呢？首先就是眼神。要训练出一种坚定、专注、绝对严肃的眼神，让这种感觉渗透到你的全身。集中精神，让每一根神经都集中在手头的任务上。但不要过于紧张，以免降低你的反应速度。找到一种准备就绪的放松状态，同时清空思绪，设想你已经成功。

我把这种转变称为"开关"，对此我有切身体会。比赛前，我可以轻松地与人谈笑，但比赛时，我的整个举止都会改变，注意力也高度集中，而这从我的眼神中就可以看出来。由此，我开始在意念上主宰对手，仿佛我仅凭意志力就能战胜他一样。

当思想完全集中时，身体表现也会不同。此时动作会更快、更有力，而你需要努力将注意力集中在当下。

训练专注力还有其他好处，它可以应用于生活的方方面面。要学会专注地生活，就像练习时那样，以此来提高体验生活的质量，并丰富他人的生活和体验。短棍格斗之所以能成为帮助个人成长和持续进步的独特工具，原因正在于此。

七项主要规则

1617 年，英国击剑大师约瑟夫·斯威特南（Joseph Swetnam）撰写了《防卫科学宝典》（*The Schoole of the Noble and Worthy Science of Defence*）一书，并在书中阐述了防御的七项主要规则。即使在现代，这些规则仍然是多种武术的基础，你不妨趁此学习一下。

1. 防御良好：只知道如何防御还不够，要记得运用，只要你还在对手可触及的危险范围内，就必须提高警惕。

2. 观察距离：站在离对手尽量远、但只要向前一击或一刺就能够到他的地方。

3. 熟悉环境：你必须知道哪些地方对手容易得手，哪些地方对手容易忽略，比如他的手、膝盖、腿，哪些地方看似远但适宜出击且能有效自保。

4. 把握时机：只要有机会就快速反应——比我说得更快。

5. 留有空间：如果你能冲向敌人……又能将武器收到起始位，并进入自己的防线内，如此你就做好了防御的准备，同样也可以酌情进行新的攻击。

6. 有耐心：耐心是人类最大的美德之一。智者说，无法自控的人是傻瓜。

7. 练习频率：如果你不练习，就像谚语中说的："你会忘记你爸爸（A man may forget his Pater noster）。"[1] 因为技能是智者的朋友……通过不断训练，能做到"勤能补拙"……

第 7 级训练指南

目标：在自由实战中安全而有效地运用短棍格斗技巧，最好能与各种对手进行对战训练，用时 60~90 分钟。

1. **热身运动**：15~20 分钟。首先做几组轻度拉伸运动。有关拉伸运动的示例，请参阅本书开头的指南。然后跳绳 5~10 分钟。进而做几组拉伸运动，让心率恢复到正常水平，然后拿起棍子，与假想的对手进行慢速的影子对打。开始时动作

---

① "Pater noster"是拉丁语，意思是"我们的父亲"，在斯维特南的社会中被用作祈祷词。原作者在此想表达的意思是："如果不勤加练习，那么很容易将动作遗忘。"

要慢，想象对手在你作出反应、攻击和防守时可能出现的动作。随着头脑和身体逐渐适应，可以加快速度，但不要太猛，以免累得喘不过气来。当前还在热身，要慢慢来，可以利用这段时间不断完善技术。

2. **距离和控制**：15~20 分钟。与同伴进行几轮无接触格斗。进行这种控制练习建议你在头部和手部佩戴护具。首先使用轻藤棍或包棉棍面对对手，在对手的攻击范围外慢慢移动，观察对手的姿势和动作。寻找空当和机会近身进攻，但动作要慢。越过间距时切换到中等距离，在内围使用快速击打组合，缓慢攻击目标，不要接触。停止动作，复位，重复。练习时应以半速进行，待双方都能熟练控制速度后，再逐渐加速。

3. **准确度和时机**：15~20 分钟。如前所述，练习一段时间后，双方都会开始加速，使控制击打变得越来越困难。这是训练的自然演变，但应尽可能地推迟。当你们开始不经意地击中对方时，就该切换到下一阶段了。全副武装，以 75% 的速度开始战斗。保持控制感，不要全力攻击。让每次交锋都顺其自然，然后休息并重新开始。集中精力快速、准确地击中对手，同时不让对手还击。注意力要集中，动作要有目的性。训练结束后，你要用全速测试你所学到的每种技术，检验它们何时有效，为何有效。

4. **速度和力量**：10~20 分钟。重要的是，要用几轮全速和全力的对抗来结束训练。目的是让你和搭档稍稍走出舒适区。让自己充满勇气和自信，用力挥击短棍，但不要故意伤害搭档。他也会拼尽全力来打败你，所以要警惕危险，聪明地战斗。

5. **降温**：5~10 分钟。花几分钟时间对着镜子独自练习。此时可以通过身体回顾和记录那些对你有效的技巧，使它们记入脑中，形成肌肉记忆，以供后续使用。之后再进行拉伸运动，帮助肌肉从紧张中更快地恢复。恢复时间越短，意味着身体感觉越好，可以更快地恢复训练。

训练记录：不要忘记继续在训练日志中记录每次训练。通过设定新目标不断鞭策自己。利用这些目标保持动力，让自己在训练中充满新鲜感和激情。

提示：不要硬拼，要聪明地拼。

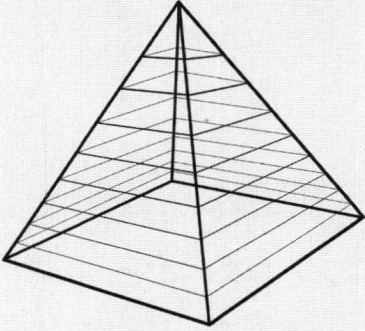

第 8 级　持棍应对其他武器攻击

Level 8: Short Stick versus Other Weapons

不匹配的武器

在自卫情景下，你手持短棍，而对手手持的可能不是短棍，而是螺丝刀或尖刀一类的短兵器，又或者是长棍或铲子一类的长兵器，这时又当如何呢？武器间的最大区别通常在于它们的有效攻击距离不同，在面对短兵器或长兵器时，可用以下策略有效应对。

持棍应对短刀

绝不能低估持刀的对手。再小的持刀攻击都有可能威胁生命安全，行为。刀具是一种潜在的致命武器，应尽可能地避免任何对手持刀的情况。

蛇口拔牙

没有毒牙的蛇并不危险，应对持刀攻击者也是如此。如果无法避免对手持刀进行攻击，那么可以利用短棍进行有效防御。利用远距离战术在最大范围内用棍尖精确击打对手的持械手。

使用短棍进行防刀自卫训练时，需遵循以下原则。

（1）使刀子远离身体的重要部位。

（2）移动时膝盖弯曲，重心放在脚掌。

（3）头脑清晰，正确识别对手的意图并回应。

自上往下化解

与对手保持距离，等待其进入攻击范围，注意远离对方的死亡圈

利用敏捷的步法将对手控制在这个范围内，切勿让他拉近双方距离

此时，用坚实的一击来缴械，要短促有力。如果错失最初目标就要保持中线，以便发起二次进攻

自下往上化解

对手在你低位握棍时靠近

你则前足脚掌蹬地，向后撤步

将短棍向上挥时，后退一整步

从下方击打对方的持械手

前臂钩锁

如果固定住对手的刀具，刀具就无法伤人。用棍尾钩住对手的前臂能有效控制其持刀手，这种方法难度较高，需要通过控制距离与对手展开战斗。上一级提到的"三步法则"可以用在此处。

前臂钩锁

用钩挂技术控制对手持械手臂。持棍手要沿着棍身往上移，增加棍尾长度

露出胸膛，引诱对手刺杀

对手刺来时，转动身体避开其攻击，利用延长的棍尾钩其手臂

一旦得手，迅速用非持械手从下方抓住棍尾，将其手臂锁住，用棍身挤压其手臂

为避免被对手的非持械手击中头部，在锁压加力时，要转身躲避其攻击

一旦他被带倒在地，就要猛烈挤压，使其松开持刀手

手臂锁定

　　解除对手的持械武装艰巨而危险。任何技术的成功实施都需要有恰当的时机和精准的动作，有时还要有一些运气。即便如此，也可能会被砍伤。如果对手直冲过来，你手持的短棍可能瞬时失效，反而成为碍手碍脚的累赘。此时，就要毫不犹豫地扔掉短棍，用双手控制刀具，来击倒对手。

手臂锁定

对手已近身控制了你的持棍手，并用刀刺你的腹部

你用左手进行低位削砍挡住其持刀手

左手持续发力，松右手弃棍，阻挡其上臂

接着，左手顺时针从其肘下穿过，同时转动臀部
将其手臂扣到背后，让他失去平衡

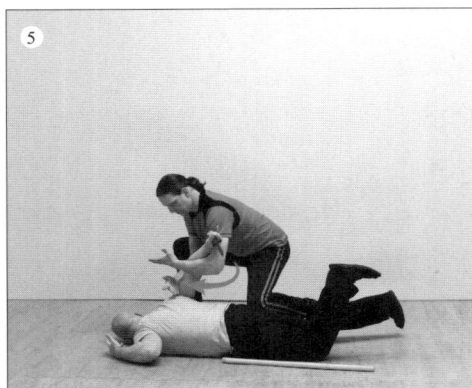

对手被带倒在地

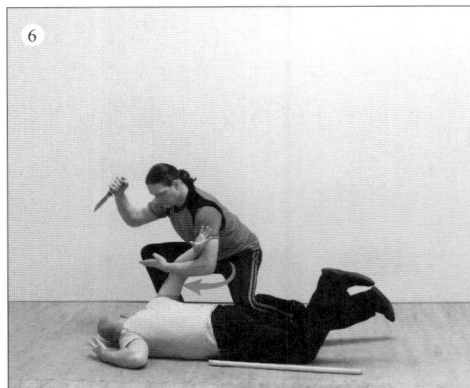

将其右肩按在地板上，夺下其武器，继续夹击

实战检验

这些极端场景虽然可经训练，但我们必须认识到训练不等于实战。首先，真正的持刀袭击和决斗不同。它们通常是极其猛烈的伏击，攻击者通过不同角度快速、短促地反复刺入，而任何针对这种单刀直刺或大刀横扫的技术都很难奏效。事实上，攻击者在进攻前很少挥刀，而是将刀藏到最后一刻。

研究表明，超过70%的持刀袭击都是在距离受害者3英尺（91.44厘米）以内发动的。这意味着在被刀刺中前几乎没有反击的时间和空间。更糟糕的是，持刀攻击者通常会用他的非持械手故意引开你的注意力，悄悄靠近你，并将刀隐藏起来。

如果遇到持刀袭击，要做好可能被砍伤或刺伤的心理准备。如果不幸被轻微割伤，先不要停下来，暂时忍住疼痛和这突如其来的惊吓。将注意力集中在攻击者身上，先阻止他继续攻击，再处理伤口。如果受伤严重，应尽早按压伤口止血，并寻求医疗救助。奇怪的是，人们在这种情况下往往根本不会意识到自己已经受伤。因此在任何肢体冲突后，都要检查自己是否受伤。

主动加入击打对防止被刺伤（能缩小空间和快速移动）和反击（如空手出拳、头部撞击等）至关重要。不要拘泥于武器，如果短棍无法提供保护反而成了累赘，那就果断扔掉它，直接用手来控制刀。当然，此时仍有被刺伤或割伤的风险，但至少能尽量少伤几次。如果向后退缩躲避，可能被伤得更多。只有直面迎击，才能立即让攻击者止步。

短棍与刀对决

真实场景中的持刀攻击通常快速而猛烈，熟知每种招式在实际场景中的有效性就显得格外重要。而在日常训练中，建议多和有竞争性的对手一起训练，不断检验和提升自己的技能。穿上训练装备，轮流扮演持刀攻击者。注意不要伤到对方，否则，一切皆有可能。

必要时扔掉手中的刀（或短棍），这会让对手措手不及。扔掉武器基本等同于自我解除武装，如果应该扔掉而未扔掉，那将不利于接下来的对抗。

训练装备：软质刀具

我个人习练时最爱用的刀是用 Nerf 的剑加上优质泡沫改作的。

使用钢锯将剑裁成一定长度。将剑端当成刀再好不过，其自带刀刃，只需用胶带将刀柄包住，一把刀就做成了。

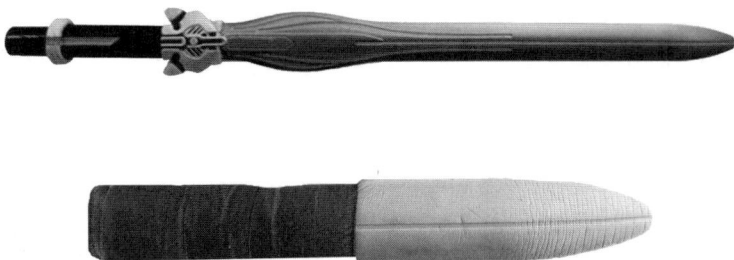

当然，还可以裁掉剑把手，将其安在刀的一端，将刀做得再漂亮一些。将塑料芯在泡沫塑料外层下面 1~2 英寸（2.54~5.08 厘米）处切断，然后在末端放上几个用闭孔泡沫塑料制成的小垫片（例如在管道绝缘材料中使用的那种），这样就可以做成一个柔软的刀尖。用（塑料）胶带或电工胶带盖住末端，防止尖锐的边缘撕裂。最后，小心地将泡沫粘回原处，形成一个新的刀尖。本书末尾的附录中提供了制作图纸。

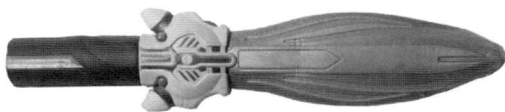

持短棍应对长棍攻击

以短兵器应对长兵器，难免会处于劣势。但使用短棍仍有机会迎战长棍等长兵器。

应付长棍的关键在于敏捷的步法和快速近身。在找到合适的攻击时机前，不要离开攻击范围，但也不要停留太久。有时，凭借本能进行移动并把握好时机，也能有效避免被击中。

多数人的惯用手都是右手，在进入时，用短棍制衡对手长棍的右侧更有效。（当然，这只是常规操作。对手也可能使用另一种技术，要做好准备。）一旦与其长棍接触，就使上粘黏劲，沿着棍身向上滑动，找机会用非持械手猛地抓住长棍，这时就间歇不停地连续击打其双手、双臂和头部，解除其武装并使其失去战斗力。

应对自上而下的击打，使用高位格挡

应对横击，使用侧向格挡

持短棍缴械长棍

吸引长棍发出击打，用短棍格挡并接触长棍。一旦用非持械手抓住其长棍，就用短棍进行缴械。具体的实施方法有很多，大致可分为三类：利用杠杆、钩挂和猛敲。

利用杠杆

杠杆原理是以对手的长棍为支点，从长棍上撬开他的手。从内侧或外侧、顶部或底部来撬他的左手或右手，从而形成 8 种基本撬法。深入理解杠杆原理，才能在各种情况下快速应用。

上端内侧杠杆

将短棍插入对手前臂与长棍间的空隙

抓紧长棍，并将短棍用力向下按，与长棍垂直

迫使他的手离开长棍

底部内侧杠杆

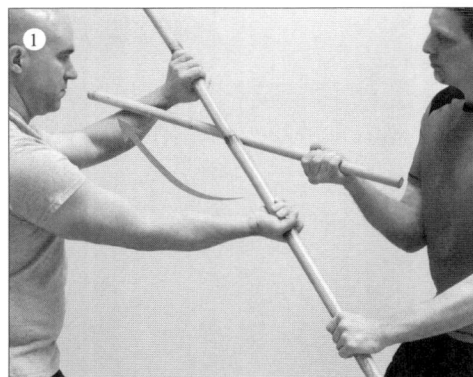

将短棍插入对手前臂与长棍间的空隙

将短棍往上抬，迫使其手向下，放开长棍

底部外侧杠杆

略微降低防护，诱使对手进攻

对手发起攻击时，向前一步格挡

用短棍挡住长棍，用非持械手挡住其持械手

保持制衡时收回棍子

扣击打其前臂

抓住其武器并向下拉，同时将棍尖插入对手肘弯处，并用棍柄向上撬动其手，使其松手

钩挂

钩挂是利用短棍末端从长棍上钩开对方的手。与杠杆原理一样，从内侧或外侧、顶部或底部来钩挂他的左手或右手，从而形成 8 种基本钩挂方法。这 8 种方法需要不断练习，但无须死记硬背，要深入理解钩挂原理，才能在各种情况下快速应用。

底部外侧钩挂

用垂直格挡拦截对手攻击，并用非持械手制衡其持械手

用短棍尾部从外侧钩住对方手腕

非持械手将对手长棍上提，同时用短棍向下钩挂其持械手，使其手松开长棍

底部内侧钩挂

格挡并抓住对手长棍后，将短棍末端从其长棍下穿出，越过其前腕

转动短棍，使短棍与长棍平行

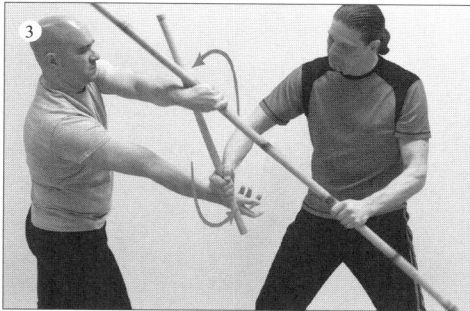

旋转手腕，迫使其右手松开长棍

用短棍对其手部施压，同时拔掉其长棍

双钩挂

通过降低防御位置来控制战斗，诱使对手使用击打 1

对手进攻时，高位格挡

非持械手抓住其长棍之前，先用短棍格挡其长棍

抓住其长棍并拉向自己，同时试图收缴其长棍

向前一步，右前臂下压，使其手松开长棍

将其长棍从手中拔出，结束动作。习练空手道者会发现这套方法与下格挡很相似

猛敲

猛敲是指猛地敲打对手的持械手、手臂或长棍，从而使其松开长棍的方法。

前臂下砸

阻挡对手攻击，用短棍格挡长棍、非持械手对抗其持械手

抬高持械手，同时用非持械手抓住其长棍

敲打对手长棍之前，先固定住对手手臂，然后朝着长棍能被击落的方向击打，击打的位置通常是拇指和食指之间的缝隙。当然，用非持械手抓住对方长棍，然后击打其手臂，也能达到同样的效果。

前臂下压其手臂，同时上拉长棍，使长棍从其拇指和食指间的缝隙中抽离出来

敲打和钩挂

通过降低防御位置来控制战斗，诱使对手使用击打 1

对手进攻时，向前高位格挡

用非持械手抓住其长棍

将长棍拉向自己，同时用前臂向下抵住对手手臂，迫使其松开长棍

接下来用短棍末端击打其左手，使其松开长棍

从其手中拔出长棍时，击打其颈部，完成动作

打压

当对手挺直身体握紧长棍展开对峙时，暴露头部吸引其进攻

当他开始进攻时，向前移动，用短棍进行高位格挡

用自然流畅的步法快速近身，用短棍挡住其长棍

不用管他的持械手，用非持械手掌击他的面部，向后推其头部，破坏其身体平衡

立即抓住长棍，用短棍末端击打其颈部

后退一步，从其手中拔出长棍

投掷范围

从另一角度看，短棍也是一种工具，要将其效用发挥到极致。有时用短棍充当投射物也是一种极好的方法，投射短棍的最远射程其实就是投掷范围，投掷武

投掷和解除武装

你和对手正在对峙

你突然直直地抛出短棍，尽可能地击中对方

快速近身

抓住对手长棍

身体向左转动，破坏其身体平衡

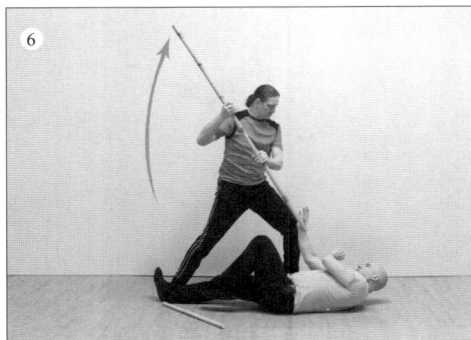

击倒对手的同时，从他手中抽出长棍

器会让对手猝不及防，然后快速近身击败他。在应对长棍等长武器时，不妨使用这种策略，特别是当手中持有多件武器时。

持短棍应对长棍的实战训练

与掌握的所有技术一样，要在全接触对抗中训练和提升以短棍应对长棍的技术。可以用无包棉的藤棍，穿上厚重的护甲；也可以用包棉短棍，穿上简便的护具。本书结尾的附录中提供了包棉短棍的制作图。

格挡和"T"形组合

发现对手准备进行击打 1

边掩护边向前用短棍格挡，非持械手试图抓住长棍

抓住长棍并将长棍向下拉，使对手高位暴露出来，此时使用 T 组合的第一击（如第 4 级中所述）

继续抓住长棍，旋转（右）手腕，击打对手头部另一侧

此时对手可能仍在奋力争夺长棍，所以要在 T 连击的最后一击时跳起

垂直击打对手头部

训练器材：包棉长棍

先拿一根长 6 英尺（182.88 厘米）、直径 3/4 英寸（1.91 厘米）的 PVC 管，对它进行碾压测试，测试方法同第 7 级"训练器材：包棉短棍"中所提及的。用胶带或胶水在两端各粘一个轻型橡胶帽，不要用手杖或拐杖用的那种重型盖帽（那种戳人会更疼）。接下来，用闭孔隔热管仔细包裹全部杖身。

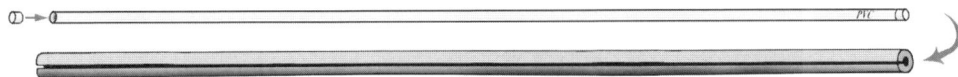

将绝缘管与两个棍端剪平，然后剪下几个与包棉武器末端相同直径的泡沫垫，用胶带将至少三个这样的泡沫垫粘在每一端，形成一个衬垫插入尖端，以免PVC顶端的橡胶帽漏出来。

接下来，在长棍的上下 2/3 处再包裹一层直径较大的闭孔隔热管或其他泡沫塑料，中间的 1/3 处留下一层泡沫塑料，以便于抓握。

用强力胶带小心地缠绕整个棍身，切勿过度压缩泡沫，包裹太紧，棍子无法消解击打的冲击力，被击打时会感觉更痛。

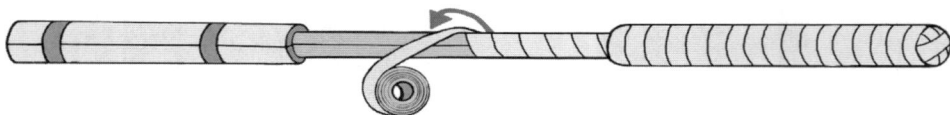

仔细检查长棍，确保整个棍身都被包裹上了，没有可能会使人擦伤的粗糙边缘。

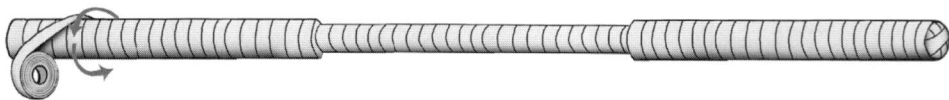

最后，与搭档一起测试。一开始要轻轻地击打，然后逐渐加大击打力度，在这个过程中，双方逐渐找到使用特定武器的安全击打力度。

短棍对抗徒手

如果对手徒手击打，又将如何应对？你可能想问，如果你手持武器，谁会笨到去攻击你？那么，你可能会对下面的内容感到惊讶。

　　比赛中也可能会面临被缴械的情况。通常这时动作会被叫停并重新开始，但内部规则一般鼓励继续战斗，除非已经无力再战斗。对手很可能认为已胜利在望，在缴械后放松警惕。因而要抓住这个机会迅速缩小间距，在近距离重新交手（第 9 级中讨论了徒手应对持棍攻击的战术）。

　　自卫时如果对方徒手向你袭来，而你手持手杖、雨伞或其他简易武器，又将如何？这时如果仅因为对方没有武器，你也丢掉武器，那就太傻了。毕竟，他可能藏着刀具或其他秘密武器。

　　如果对手有体型优势呢？如果有多个对手呢？这些情况可能都具备使用棍棒或其他武器对付徒手攻击者来自卫的法律依据。但实际面对这种情况，远距离对抗是最安全的。停留在对手的攻击范围之外，同时击打任何进入你死亡圈的对手。

　　然而，用棍棒攻击徒手攻击者可能会带来更多的法律麻烦，得不偿失。那么，如何在不造成严重伤害的情况下使用棍棒保护自己呢？

　　自卫时，与对手的任何身体接触都可能造成严重后果，无论是身体上的还是法律上的。因此，通常情况下最好避免任何身体接触。在发生冲突的前一刻，利用一切可利用的策略，在发生肢体冲突之前化解冲突。双手握棍对敌可能会被认为是一种具有攻击性的姿势，有时能吓退、阻止潜在攻击者，但有时也会激怒攻击者。握棍也会暴露用棍保护自己的意图。

持棍防御性姿势

　　另外，张开手持棍看起来似乎不那么有攻击性，这时的肢体语言具有"停下，别过来"而非"我要揍你"的含意。在展示力量的同时假装软弱，实际上也能避免与攻击者接触，不主动挑衅，就能让他体面地离开。从法律层面上看，如果查看发生肢体冲突时的视频记录，开战前是攻击性姿势还是防御性姿势是判定有罪或无罪的重要依据。

示威式劝阻

2018 年，我在美国加利福尼亚州的一个武术训练营教课时，一个学生给我讲了个有趣的故事，说他和家人一起去露营。当他们做晚饭时，他的妻子从帐篷里走出来，看见一只熊正在向孩子们坐的地方靠近。然后她拿起一个平底锅和一个杯子，互相敲打，一边大声喊叫一边冲向那只熊，吓得那只熊转身跑掉了。真是值得庆幸，她通过制造动静成功吓退了这只熊。

应对徒手攻击者，仅靠言语劝阻不足以缓和局面，就需要展示武力来威慑对方，使其感到攻击你并不利于他，反而会对他造成伤害。挥动武器、大声喊叫的威慑方法，容易使对手望而生畏。持棍全速挥击，在空中发出巨大的声响，能让对手三思而后行。注意挥棍幅度不要过大，以免留下空隙让对手有机可乘。

要扰乱对手思路，使其犹豫不决，无法下决心。另外要告诉他该如何做。朝他大喊"别打我主意！""别逼我出手，赶紧走！"等暗示性话语，能使其做出正确选择。

劝阻

用力快速挥舞短棍，让对手不敢靠近

对手犹豫后可能会离开

被对手抓住短棍

双手两端握棍进行防卫时，要警惕对手抢走短棍。一旦他有此企图，就立即收拢双手，紧抓短棍两端，然后移位到对手攻击范围之外。如果不幸被他抓住短棍，表明他可能有三种企图：将短棍夺走、把短棍推向你，或借势将短棍拉走。应对方法有以下几种，简单有效。

对方抓棍并进行推挤

正在化解局面时，将短棍置于面前

对手猛冲过来抓住短棍，并将其推向你

对手的双手抓着短棍，下盘空虚，此时用脚踢他

左手向前推，右手向后拉，将短棍拧到垂直方向

继续向前推，利用势能将短棍压向对手

使劲向下按，迫使对手臀部落地

对手抓棍后拽

正在化解局面时，将短棍置于身前

对手猛冲过来抓住短棍并试图将其拽走

借着他的拉力前行。他双手抓着短棍，高位防守空虚，此时可用虎爪攻其眼部

用右手向前刺，手指戳其眼抓其脸，同时用左手往后拉，从他手里夺回短棍

摔技破解对手抓棍

对手已抓住短棍，并试图将其夺走

此时推一端，拉另一端，使对手身体扭转，破坏其平衡

抬脚，瞄准他的膝盖

蹬其膝盖，将其放倒在地后，远离他

短棍缠摔

以上是在被对手抓住短棍时可运用的一些技巧。不过现实是双方可能会为了争夺武器而缠斗。当然，可以用推、拉、扭、压、铲等多种方式来控制短棍，并脱离对手。这里，我们讲述短棍缠摔的方法。你和搭档抓着同一根短棍，然后通过各种方式控制短棍，将其从对方手中夺走。

动作要小心，因为争夺中会积聚大量的势能，如果突然释放很可能会造成意外伤害。开始时动作要缓慢而简单，不要过多地抗拒。可以在开始前制定一些规则，如"不准用棍尾击打""不准用棍身击打"（前提是还不准备训练这些）。为了安全起见，建议在练习时戴上头盔。

对抗拳打

如果攻击者一心想要伤害你，向你出拳，那你可以猛扑过去，直接击打他的手。

这通常能阻止他进一步攻击。但有些执着的攻击者会甩开你的击打，继续向你进攻。若想在不攻击徒手攻击者的情况下控制他，那就钩锁他的身体。这种技巧要让手沿着棍身向上移动，以增加棍尾长度。

如果对方试图给你一拳，你可以一边击打他的手和手臂，一边远离他

正手钩挂

识别对手意图，在他出拳时做好准备

用右前臂挡住它

用伸出的棍尾钩住对手手臂。迅速用非持械手从下方抓住棍尾，用棍身紧紧将其手臂挤压在右前臂边缘的骨脊上

为了防止被对手的非持械手击打，要注意收起头。身体向左扭动，把他带到地上

反手钩挂

识别对手意图，在他出拳时作好准备

用右前臂挡住攻击

用伸出的棍尾钩住对手手臂

迅速用非持械手从下面抓住棍尾，挤压其手臂

为了防止被对手的非持械手击打，身体向右扭动，
置身于对手身后

最后将对手摔倒在地

防御踢击

如果你守住了高位或始终在对手出拳范围外，对手可能会恼羞成怒，试图伸腿踢你。

双手持棍格挡

试图化解局面时，与对手保持距离并将短棍放在身前

当他伸腿踢来时，则向下击打其小腿

单手持棍格挡

试图化解局面时，与对手保持距离并将短棍放在身前

当他伸腿踢来时，则立即后退躲避并快速击打其小腿

第 8 级训练指南

目标：在格斗和自卫时安全有效地运用棍技来对付刀具、长棍和徒手，用时 45~70 分钟。

1. **热身**：5~10 分钟。先做几组轻度的拉伸运动，拉伸运动的示例，请参阅本书开头的指南。随后跳绳 5 分钟，做几组拉伸运动，让心率恢复正常，然后拿起短棍，与假想的对手进行缓慢的影子对打。一开始动作要慢，想象对手在你作出反应（攻击或防守）时的动作。当头脑和身体适应了这种节奏，逐渐加快速度，但不要太猛，以免累得喘不过气来。切记在热身阶段动作要慢，重点是不断完善技术。

2. **距离和控制范围**：10~15 分钟。用短棍与持刀具、长棍或徒手的对手／搭档进行几组无接触格斗。虽然这是控制练习，但还是建议佩戴头部和手部护具。使用轻藤制或包棉武器。当你发现空当并有机会进攻时就主动出手，动作要慢，注意不要和对方接触。如果持长棍或刀具的搭档被缴械，他可以继续使用本级所述的技巧进行无器械攻击。停止动作，复位，不断重复。以半速练习，等到双方都能熟练控制击打动作后，再逐渐加快速度。

3. **准确度和时机**：15~20 分钟。如前所述，练习一段时间后，双方都会开始加速，使控制击打变得越来越困难。这是练习的自然发展过程，但应尽量推迟。当你们开始不经意地击中对方时，就该切换到下一阶段了。全副武装，以 75%的速度开始战斗。要有控制感，不要全力攻击。让每次交锋都顺其自然，然后休息并重新开始。集中精力快速、准确地击中对手，同时不让对手还击。注意力要集中，动作要有目的性。练习结束后，你要用全速测试你所学的每种技术，检验它们何时有效、为何有效。

4. **速度和力量**：10~15 分钟。为了检验技术的有效性，并了解如何使用这些技术对付不服输的对手，在训练结束时进行几轮全速和全力的对抗是很重要的。其目的是让你和对手稍稍脱离舒适区。让自己充满勇气和信心，用力挥拳，但不要故意伤害搭档。他也会拼尽全力来打败你，所以要记住危险所在，聪明地战斗。

5. **降温**：5~10 分钟。花几分钟时间对着镜子独自复习，让你在对战后回顾那些对你有效的技术，将它们记入脑中，形成肌肉记忆，以供后续使用。之后再进行拉伸运动，帮助肌肉从紧张中更快地恢复。恢复时间越短意味着身体感觉越好，可以更快地恢复训练。

训练记录：不要忘记继续在训练日志中记录每次训练。通过设定新目标不断鞭策自己。利用这些目标保持动力，让训练充满新鲜感和刺激性。

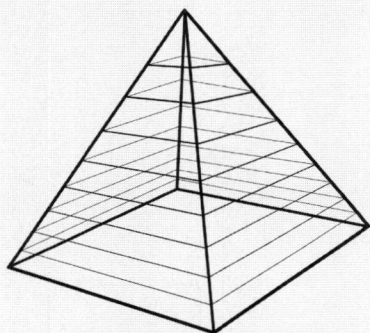

第 9 级　徒手应对持棍攻击

Level 9: Empty-Hand Defense against the Stick

徒手防御

2017 年 12 月，我收到了一个黑带学生——尼克·洛利（Nick Lolli）的信息，他几年前搬离了宾夕法尼亚州。

> 亲爱的乔大师：
>
> 　　我想告诉您我刚刚经历的事情。今晚，我从南卡罗来纳州格林维尔的酒吧回家时，在路上看到一名男子在马路中间挥舞着皮带向另外两名男子打去。这两名男子是出租车司机，他们举起双手显然不敢反抗。于是我决定通过与那个挥舞皮带的人交流来分散他的注意力，并使他冷静下来，我告诉他，他赢了，可以结束了。几分钟后他走到人行道上握了握我的手。然而，突然间他抢起皮带朝我的脑袋砸来，而我巧妙地躲开了，并快速近身，用一个大外刈把他摔倒在地，我想这肯定是多年来与您和其他人练习的结果。尽管他拼命踢打和挥拳，但我还是和朋友一起把他按倒在地，在我把他按倒后，朋友跳到他的腿上压制着他，直到警察赶来。我要感谢您教给我的技术不仅让我今晚没有受伤，还让我有勇气帮助那两个被暴力吓到的人。

遇到任何携带武器的对手时的第一反应应该是逃离现场。然而，有时现实情况使人不得不与持械对手对峙，因此必须知道如何徒手抵御武器袭击。虽然平常用的是短棍训练，但请记住，短棍可以延伸到各种单手钝器上，如木片、钢管、撬胎棒、锤子、棒球棒或前面故事中提到的皮带。

在此说明：解除任何持械袭击者的武装都是一项艰巨而危险的任务。因此，要想成功，任何技术都需要完美的时机、精确的动作，有时还要一点运气。即便如此，对方也有可能在你近身时挥拳，因此要掩护着前进。当然，要尽量避免被击中。如果无法避免被击中，也要避免被重击；如果无法避免被重击，至少要避免头部被重击。考虑到此，下面的战略战术能帮你化险为夷。

第 2 级中提到，击打可分为三个主要部分：挥棍蓄力的初始阶段，称为加速区；集中注意力的区域，称为击打区；以及棍速逐渐下降的减速区。那么，你肯定是不想陷入击打区的，这样只剩两个选择：在对手蓄力击打前进入，或者避开击打，在击打后再进入。无论哪种方法，都必须缩小间距到近距离，才能化解攻击。练习各种各样的技术，这样就更全能，能有效反应和充分利用每次机会。

近身

在对手有武器而你没有武器的情况下，对手的优势非常明显。为了最大限度地提高成功率，就需要尽早控制战斗，具体做法是在对手的有效攻击范围之外游移，密切观察他的位置，并随时准备在他靠近时后退或绕开。

攻击者的弱点在于他的策略通常是通过几次重击，使人失去行动能力。读懂他的动作，当他准备蓄力攻击时采取行动。更妙的做法是，快速用佯装动作来吸引攻击，就好像你正在进入，然后突然停顿来观察对手反应。密切观察对手何时进攻，当其进攻时，就迅速直冲进去，或者在进入前在射程之外避开。

对手对佯攻的第一反应很可能是快速反击，但很快就会察觉到你并不会进攻，并且会制衡他的反击。这之后往往会有短暂的松懈，正是近身的好时机。要以 1~1.2 倍速移动，趁对手头脑和身体还没反应过来，向前突然进攻。这个动作有点难度，需要大量练习，但一旦掌握，就很难被对手击中，至少很难被阻止向近距离移动。

在进入时用箭式和墙式两种位势能避免遭受到击打 1 的攻击。

攻击者角度的箭式和墙式

箭式

箭式是一种要近身时的快速进入技术。站在击打范围外，用头来引诱对手

对手上当后就会近身向前进攻。这时，双臂伸向身前，低头向前冲

向对手的持械手臂方向微微倾斜（通常是在你左前方十一点钟方向）。用左前臂击打其手臂并制衡武器，同时用右前臂击打其颈部右侧

缠绕对手的持械手臂，同时右前臂控制对手颈部

缠绕结束并成功缴械时，右前臂依然对其颈部施压

成功缴械对手武器

墙式

站在击打范围外，用头来引诱对手

对手上当后迈步向前近身攻击时，你将右手举过左肩，掌心向外，保护头部左侧；抬起左肩，将头缩进左肩，保护下巴

身体稍向右转，保护中线的同时向前冲，左肩顶住对手右上臂和肩部

右手劈向对手颈部

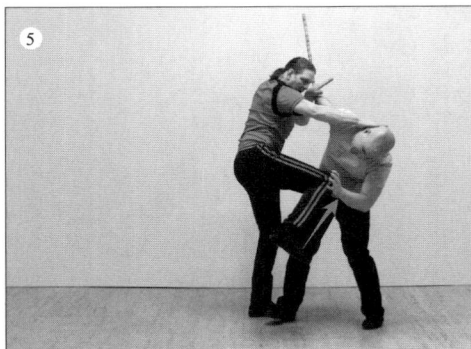

顺势钩住他的头往下压，进行膝击

身体右转，左肘向下击打对手背部。如果他手中还握着棍，则用左手抓住棍并夺出

闪避

即使你手中没有武器可用，也不建议你用手臂来格挡。相反，你应该尽可能地闪避。在此介绍后仰和下潜两种闪避技巧，这两种技巧要避免在对手以 1~1.2 倍速攻击时使用，而要在他挥棍后使用。要努力以更快的 1~1.2 倍速移动，在对手棍子经过的一瞬间和他再次进攻之前进入。这两者区别很微妙，但只要理解了，就能用它决定成败。

倚绳战术[1]

首先，露出头部以吸引对手进攻

当对手挥棍攻击时，身体向后倾斜，即后仰，正好落在其击打范围之外

---

[1]   由穆罕默德·阿里在 1974 年的"丛林大乱斗"比赛中创造的一种带有拳击风格的闪避技术。他在比赛中通过靠在拳台围栏上，即身体倾斜到对手乔治·福尔曼的击打范围外，使其屡屡失手。

等短棍一擦身而过，立即挺直身体

对手反手水平回击

阻挡对手的持械手臂，抵住其手腕和肘部

抓住棍子，用手掌猛击其手臂外侧，趁势缴械

摇闪躲避

把握好时机和运用快速的步法才能掌握该技术，因而要坚持练习。

暴露头部，吸引对方进攻

保持位势，让对手沉溺于进攻

向左迈步，躲过攻击

随后在他右肩后方起身，进到一个很难被击中的死角

左手扭转他的头部，右手控制其持械手臂

将他向后拉，抓住武器并缴械

简易武器

学会快速环顾你所处的环境，寻找可以用来武装自己的简易武器和物品。在街上，可能是夹克、钱包、购物袋或背包；在住宅中，可能是垫子、枕头或其他物品；在酒吧或餐厅，可能是椅子或酒瓶。寻找任何可以用作投射物或盾牌的物品。

投掷杂物

拉开距离，吸引攻击并解读对手动作

当对手开始挥棍时，将外套或其他物品扔向对手面部

用投掷物遮挡对手视线，利用他视线被干扰的瞬间

用右前臂攻击他的颈部，近身并控制他的持械手

手向下滑动并抓住棍，然后击打他的手臂，使棍从他手中脱离出来

后退拉开距离，然后改用以棍应对徒手的战术

充当盾牌

用外套、背包或其他物品作为盾牌，挡住对方武器。

将外套裹在手臂上，用它来挡住棍击

然后，上前攻击他的眼睛（他如果看不到你，就很难击中你）

第 9 级训练指南

目标：学会徒手应对短棍武装的对手，用时 60~90 分钟。

1. **热身**：5~10 分钟。先做几组轻度的拉伸运动（动作示范参见本书开头）。接着跳绳 5~10 分钟。再做几组拉伸运动，让心率恢复正常。

2. **距离和控制**：10~15 分钟。与搭档进行几轮徒手与持械对抗的无接触格斗。虽然这是控制练习，但还是建议佩戴头部和手部护具。使用轻藤棍或包棉武器。从对手持械而自己徒手的对抗开始，慢慢练习本级中的各种技术。交换动作后停止，复位，不断重复。以半速练习，等到双方都能熟练控制击打动作后，再逐渐加快速度。

3. **准确性和时机**：15~20 分钟。如前所述，练习一段时间后，双方都会开始加速，使控制击打变得越来越困难。这是练习的自然发展规律，但应尽量推迟。当你们开始不经意地击中对方时，就该切换到下一阶段了。全副武装，以 75% 的速度开始战斗。要有控制感，不要全力攻击。让每次交锋都顺其自然，然后休息并重新开始。集中精力逼近对手，控制武器并解除武装。注意力要集中，动作要有目的性。练习结束后，你要用全速测试你所学的每种技术，检验它们何时有效、为何有效。

4. **速度和力量**：10~15 分钟。进行几组全速和全力的对抗是很重要的。其目的是让你和对手稍稍脱离舒适区。让自己充满勇气和信心，用力挥棍，但不要故意伤害搭档。要知道，任何一击都可能是危险的一击，要聪明地击打。

5. **降温**：5~10 分钟。做几组轻度的拉伸运动，帮助肌肉从紧张中更快地恢复。恢复时间越短意味着身体感觉越好，可以更快地恢复训练。

训练记录：不要忘记继续在训练日志中记录每次训练。通过设定新的目标不断鞭策自己。利用这些目标保持动力，让自己在训练中充满新鲜感和刺激性。

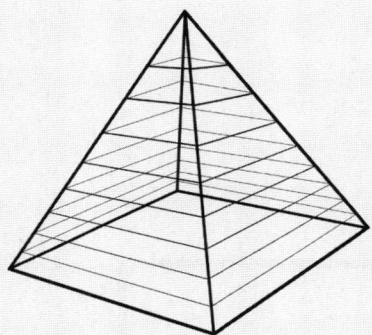

附　录

Appendix

训练器材

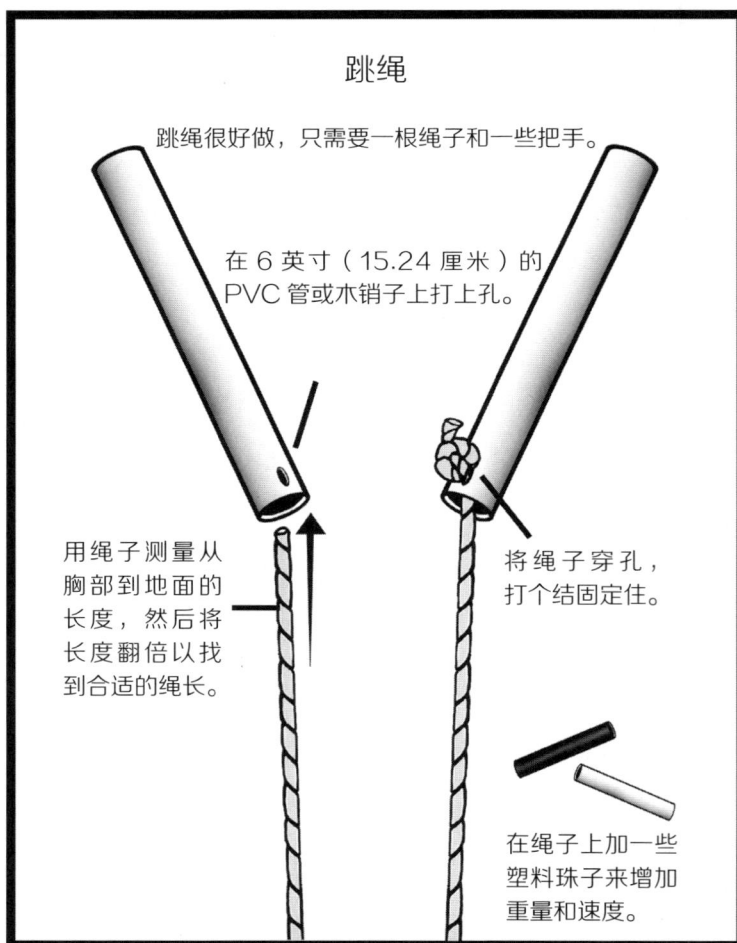

跳绳

跳绳很好做，只需要一根绳子和一些把手。

在 6 英寸（15.24 厘米）的 PVC 管或木销子上打上孔。

用绳子测量从胸部到地面的长度，然后将长度翻倍以找到合适的绳长。

将绳子穿孔，打个结固定住。

在绳子上加一些塑料珠子来增加重量和速度。

地面模板

地板上的图案是用来帮助训练步法的。有许多不同的图案可供选择，每个图案都有不同的作用。

用胶带或油漆标出地板图案。

注意：地板上的胶带痕迹有时难以去除。

轮胎袋

用桨状钻头在旧
轮胎上钻孔。

将结实的绳子穿过
孔，在顶部打结。

把轮胎挂在一个
结实的支架上。

轮胎数量根
据需要增减。

将两端打结，
固定住。

室内轮胎假人

使用带有金属切削刃的往复锯将轮胎切成两半。

使用拉力螺栓或重型木螺钉将切好的轮胎固定在木柱子上。

速凝水泥

用一块 2×6 英寸（5.08×5.08 厘米）的木头做主柱子。把木头叠起来做一个更结实的柱子。将边缘打磨光滑。

用混凝土填充木箱前，先在木箱内涂上胶水，以加强密封性。

建一个木箱作为底座。

搭建一个内部框架来固定击打柱。

拿一块地毯反过来粘在盒子的底部，以保护地板。

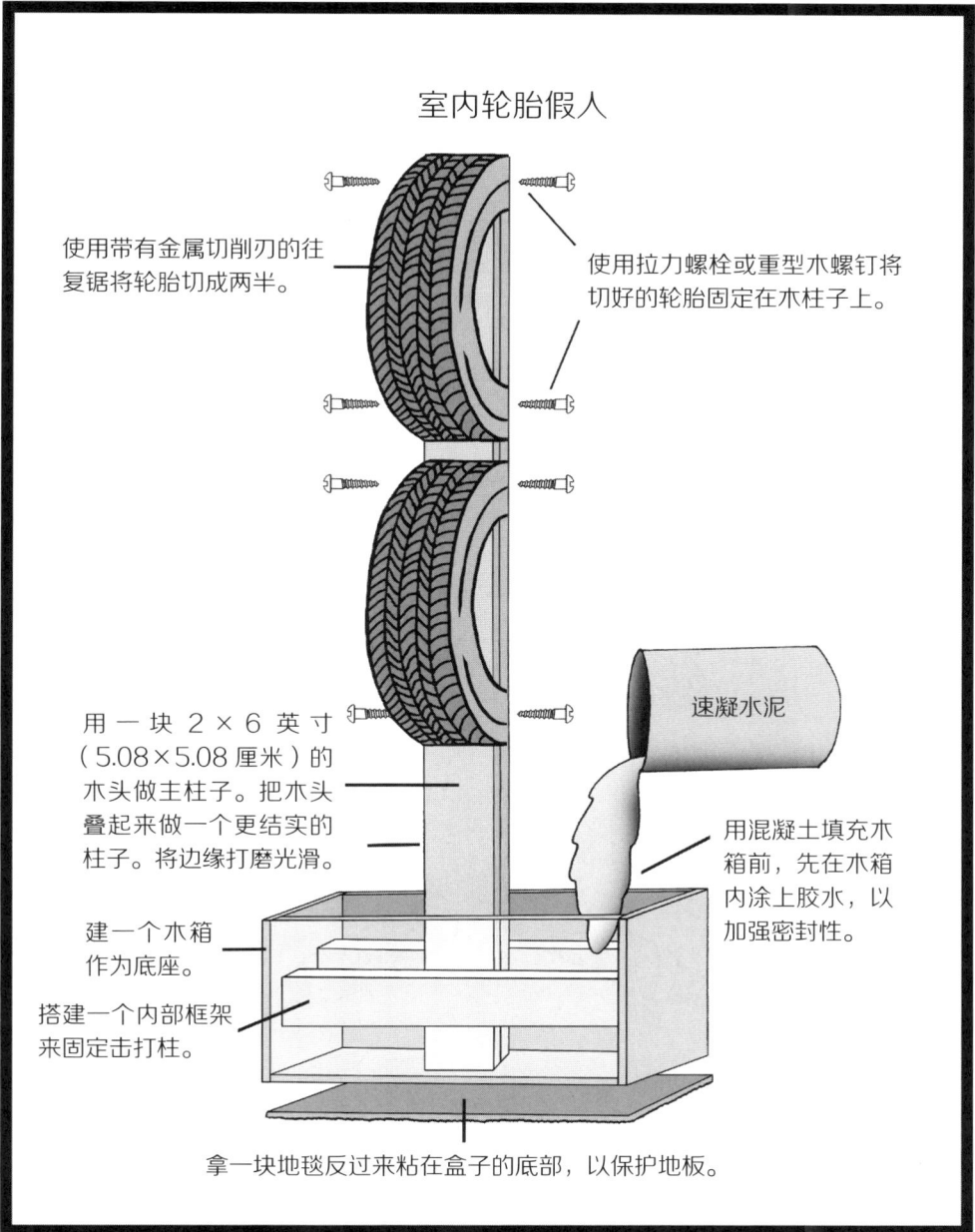

18~20 英寸
（45.72~50.8 厘米）
的棍子。

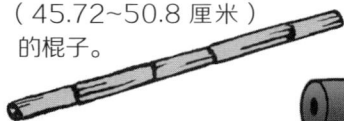

闪避棒

大约 3 英尺（91.44 厘米）的游泳用圆形浮条。

将棍子只插入浮条的一半，
在击打的一端留下约 2 英尺（60.96 厘米）。

用胶带将它们固定在一起。

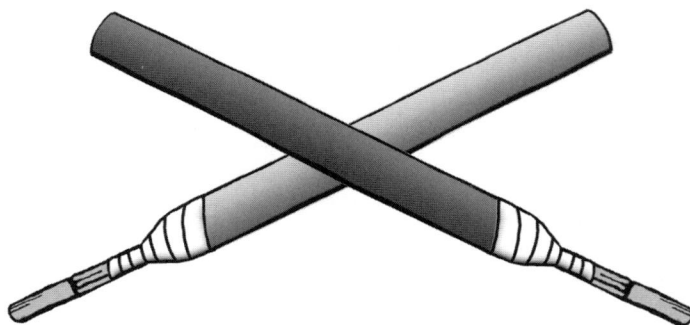

记住，不要用闪避棒击打！用它们来学习如何保持在外围。

棍靶

16 号木质道钉

橡胶拐杖头

隔热泡沫管

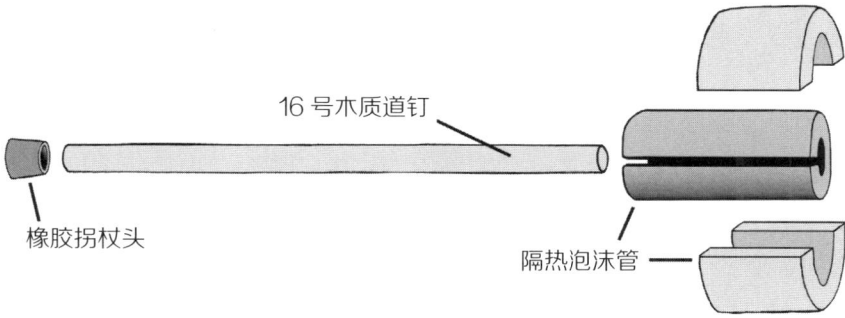

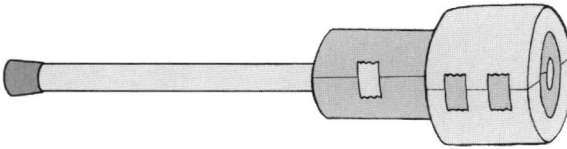

用管道胶带把末端包起来。

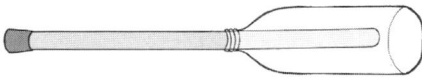

也可以用一个空的塑料水瓶来制作。

击打点

用击打点能培养准确性、距离感
和控制力。不要用全力击打它。

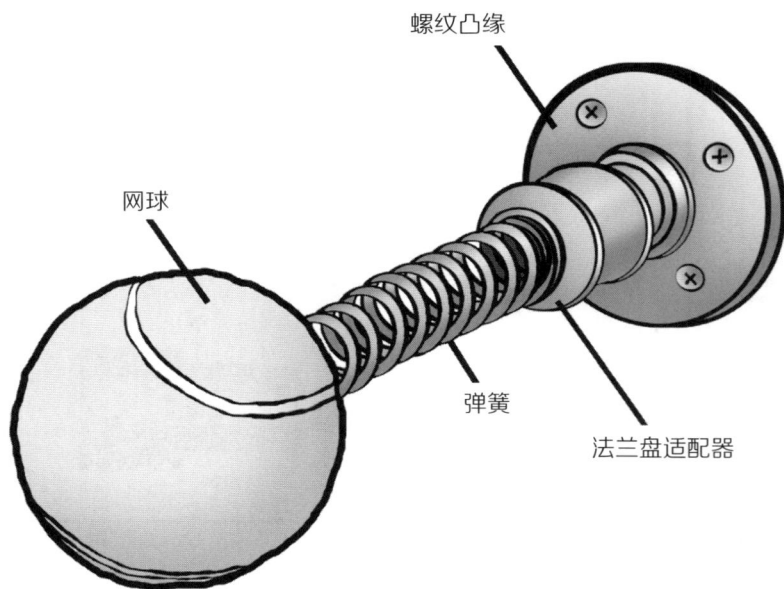

螺纹凸缘

网球

弹簧

法兰盘适配器

将网球切开，插入弹簧。将它们拧在一个牢固的支架上。

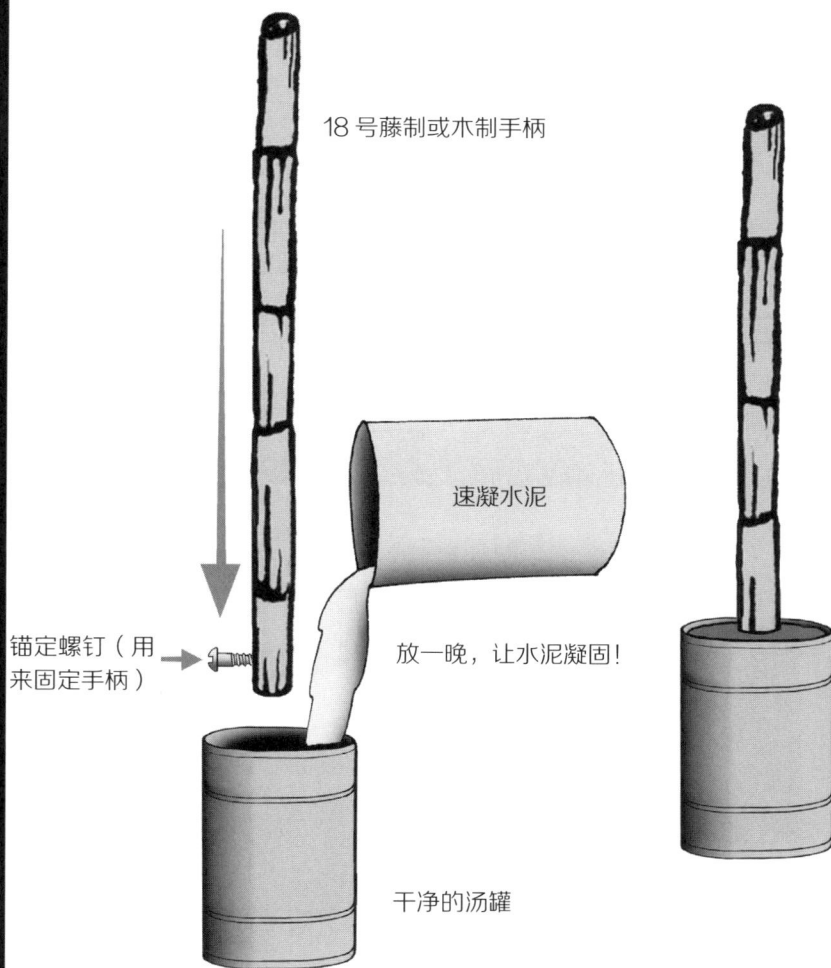

配重棒

18 号藤制或木制手柄

速凝水泥

放一晚，让水泥凝固！

锚定螺钉（用来固定手柄）

干净的汤罐

压缩仿制手臂

用压缩仿制手臂模仿前臂的双骨。

用 1/2~3/4 英寸（1.27~1.91 厘米）的 PVC 管。

用胶带包住两端，然后用泡沫隔热管覆盖一端。

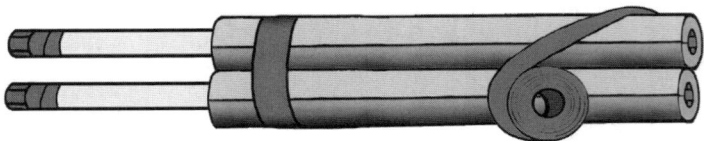

用胶带把两根管子粘在一起。

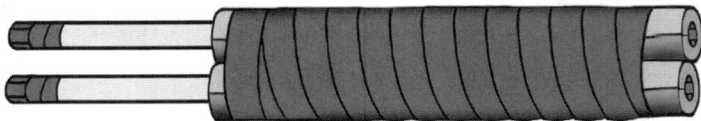

做好的压缩仿制手臂

压缩仿制颈部

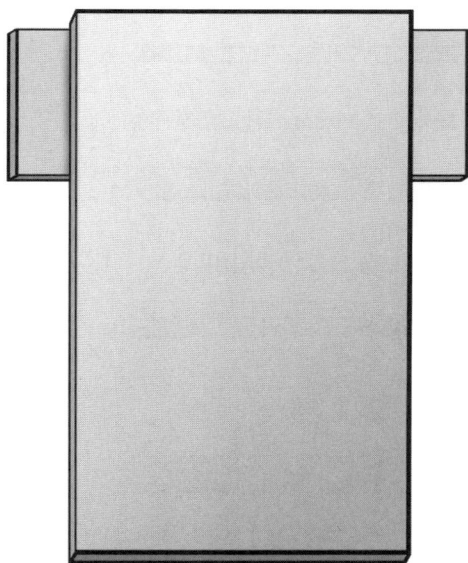

将一块泡沫橡胶、地毯或厚纸板卷起来，周长 14~15 英寸（35.56~38.10 厘米）。

在一端额外包裹一部分用来代表头部。

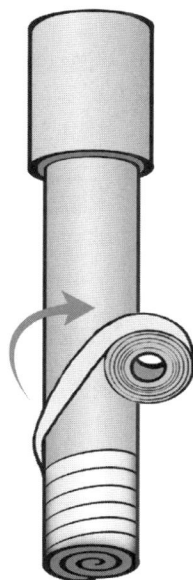

用胶带将整体包裹一遍，让它更结实。

包棉棍

1. 先用一段 3/4 英寸（1.91 厘米）的 PVC 管。

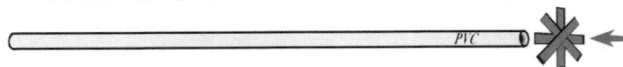

2. 用电工胶带覆盖两端

3. 用 3/4 英寸（1.91 厘米）的泡沫隔热管覆盖整个棍子。

4. 切断两端并在每一端贴上三个泡沫圆盘。

5. 用一层光滑的胶带把整个棍子包起来。

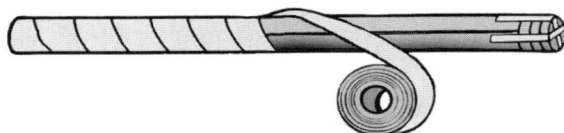

6. 包棉棍做好了！

你可以使用彩色胶带以获得更专业的效果。

每次使用前一定要仔细检查你的棍子。

软质刀具

先用一把优质的名牌泡沫长剑，

用钢锯将剑身切割成刀子大小的一段。

用胶带粘住手柄，你就可以开始了！

也可以使用手柄的那一段，

用热胶枪来制作一个新的刀尖。

包棉长棍

1. 在长 6 英尺（182.88 厘米）、宽 3/4 英寸（1.91 厘米）的
PVC 管的两端分别装上轻型盖子。

2. 用封闭式隔热管覆盖整个长棍。

3. 在每一端贴上至少 3 个泡沫片，以形成一个刺击的尖端。

4. 在每一端再包一层泡沫。

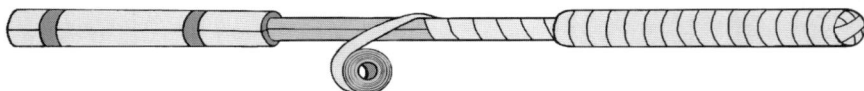

5. 用胶带覆盖，注意不要压缩泡沫。

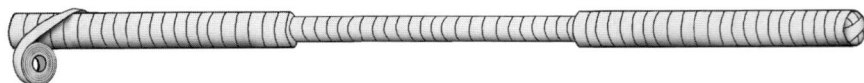

6. 仔细检查武器，确保它没有粗糙的边缘。

成品展示！

人文武术精品书系
北京科学技术出版社

国术档案系列

太极往事	季培刚 著

功夫探索丛书

内家拳的正确打开方式	刘 杨 著
内家醍醐	刘 杨 著
借力——太极拳劲力图解	戴君强 著
武学内劲入门实操指导	刘永文 著
武术的科学：实战取胜的秘密	〔日〕吉福康郎 著 宋卓时 译
格斗技的科学：以弱胜强的秘密	〔日〕吉福康郎 著 宋卓时 译
借势：武术之秘	沈 诚 著
太极拳肌肉解剖图解	〔西〕伊莎贝尔·罗梅罗·阿 尔比奥尔等 著 刘旭彩 胡志华 译
内家拳几何学：三维空间里的劲与意	庞 超 著
太极拳新解	〔美〕罗伯特·查克罗（Robert Chuckrow）著 解乒乒 丁保玉 译

格斗大师系列

伊米大师以色列格斗术	〔以〕伊米·利希滕费尔德，伊亚·雅尼洛夫 著 汤方勇 译
拳王格斗：爆炸式重拳与侵略性防守	〔美〕杰克·邓普西 著 史旭光 译
至柔之道：费登奎斯身心学之基石	〔以〕摩谢·费登奎斯 著 龚茂富 译
短棍格斗术：从入门到精通	〔美〕乔·瓦拉迪（Joe Varady）著 李永坤 译

格斗技图解系列

泰拳入门技术图解	〔德〕克里斯托夫·德尔普 著 滕 达 译
巴西柔术技术图解	〔巴西〕亚历山大·派瓦 著 薄 达 译
健身拳击训练指南	〔加拿大〕安迪·杜马斯，杰米·杜马斯 著 赵 彧 孙智典 译
武术格斗解剖学图谱	〔美〕诺曼·林克，莉莉·周 著 常一川 译
马伽术高级战训教本	〔美〕大卫·卡恩 著 汤方勇 译